LA REVOLUCIÓN Y EL CAMINO A LA PAZ EN COLOMBIA

ENTRE LOS TÍTULOS DE ESTA SERIE

La revolución y el camino a la paz en Colombia

Fidel Castro

El ejemplo de la Revolución Cubana

PATHFINDER

Nueva York / Londres / Montreal / Sydney

Editado por Róger Calero y Mary-Alice Waters

ISBN 978-1-60488-192-9
Número de Control de la Biblioteca del Congreso
(Library of Congress Control Number) 2024948611
Impreso y hecho en Canadá
Manufactured in Canada

Primera edición, 2023
Segunda edición, 2025

DISEÑO DE LA PORTADA: Eva Braiman

FOTO DE LA PORTADA: Fidel Castro y otros combatientes del Ejército Rebelde llegan a La Habana, 8 de enero de 1959. Los revolucionarios, tras derrotar al ejército del dictador Fulgencio Batista, apoyado por Washington, llamaron a una insurrección popular y huelga general que derrocó al régimen el 1 de enero.

El Ejército Rebelde entonces atravesó la isla desde Santiago de Cuba hasta La Habana en lo que llegó a conocerse como la Caravana de la Libertad. Fidel habló en ciudades y pueblos a lo largo del recorrido, llevando el programa y los objetivos de la revolución a centenares de miles de trabajadores entusiastas. El pueblo "tiene que decir la última palabra sobre todas las cuestiones", dijo más tarde Fidel. (Granma)

PATHFINDER
pathfinderpress.com
Email: pathfinder@pathfinderpress.com

TABLA DE MATERIAS

CUARTA PARTE
Lecciones de la Revolución Cubana sobre estrategia revolucionaria
De las páginas del Militante

FOTOS E ILUSTRACIONES

Prefacio

RÓGER CALERO Y STEVE CLARK

La revolución y el camino a la paz en Colombia presenta lecciones políticas extraídas por Fidel Castro cuando la dirección revolucionaria cubana estaba contribuyendo a gestiones para poner fin a un conflicto armado en Colombia que había durado décadas. En 2008 la guerra entre el gobierno colombiano y las Fuerzas Armadas Revolucionarias de Colombia (FARC) así como otros grupos guerrilleros en ese país había cobrado más de 220 mil vidas a lo largo de más de medio siglo.

El origen de este conflicto se remonta a una época conocida en Colombia como "La Violencia", una sangrienta lucha faccional, de 1946 a 1958, entre las alas de la clase gobernante capitalista representadas por el Partido Liberal y el Partido Conservador. Tras verse marginado del gobierno por 16 años, el Partido Conservador ganó las elecciones presidenciales de 1946. El nuevo régimen desató una violenta represión y desalojos de tierras contra los partidarios del Partido Liberal y otras personas.

En 1948 fue asesinado Jorge Eliécer Gaitán, un veterano dirigente del Partido Liberal, lo que provocó una explosión popular generalizada conocida como El Bogotazo. El joven Fidel Castro, quien casualmente se encontraba entonces en Bogotá participando en un encuentro estudiantil latinoamericano, se sumó a las protestas. Ante los ataques del gobierno y de grupos paramilitares, algunos seguidores del Partido Liberal y miembros del Partido Comunista que militaban en zonas rurales organizaron sendos grupos de autodefensa entre los agricultores, campesinos sin tierra y otros pobres del campo.

En 1954 los dos grupos guerrilleros ya habían empezado a trabajar juntos. En 1964 formaron las Fuerzas Armadas Revolucionarias de Colombia (FARC), cuya posterior trayectoria bajo la dirección de Manuel Marulanda es el enfoque de gran parte de este libro. Marulanda, nacido con el nombre de Pedro Antonio Marín, había dirigido las guerrillas liberales que participaron en la fusión.

Después del triunfo revolucionario de los trabajadores y campesinos en Cuba el 1 de enero de 1959, surgieron grupos guerrilleros de distintos orígenes políticos a través de América Latina que se proponían librar una lucha armada para derrocar a regímenes capitalistas represivos. Para finales de los años 60 y principios de los 70, la mayoría de estos habían sido derrotados o se habían disuelto. Entre las organizaciones guerrilleras en Colombia estaban el Ejército de Liberación Nacional (ELN), que hoy se mantiene activo, así como el Movimiento 19 de Abril (M-19), el Ejército Popular de Liberación y el Movimiento Armado Quintín Lame.

Como indica el título de este libro, los artículos, las cartas y otros escritos recogidos aquí retoman una y otra vez las lecciones sobre estrategia revolucionaria de la Revolución Cubana, una revolución cuya trayectoria y cuyos cuadros comunistas se forjaron al calor de la lucha bajo el liderazgo político de Fidel Castro:

• Cómo los trabajadores y campesinos fueron organizados y dirigidos para luchar y conquistar el poder esta-

Presentación de *La paz en Colombia* en feria internacional del libro en Caracas, Venezuela, noviembre 2008. Entre los funcionarios del gobierno venezolano estaba Nicolás Maduro (al centro, con bigote), entonces ministro del exterior. En el evento hablaron Abel Prieto (izquierda), ministro de cultura cubano, y José Arbesú (a la derecha de Maduro), en representación del Comité Central del Partido Comunista de Cuba.

El lanzamiento del libro de Fidel Castro suscitó interés a nivel internacional.

tal en Cuba, abriendo paso a la primera revolución socialista en América.

• Cómo el internacionalismo proletario y la ética proletaria que guiaron a Fidel y al liderazgo cubano desde el principio fueron piedra angular de su perspectiva política de recurrir a la movilización revolucionaria y a la conciencia política de clase del pueblo trabajador en Cuba.

• Cómo sentaron un ejemplo para el pueblo trabajador en toda América y a nivel mundial, incluido Estados Unidos.

• Cómo esta trayectoria del Ejército Rebelde y del Movimiento 26 de Julio en Cuba contrastó rotundamente con la de las FARC y demás organizaciones guerrilleras en Colombia.

El corazón de este librito son la introducción y el epílogo que Fidel Castro escribió para una colección más amplia: *La paz en Colombia*, obra publicada en 2008 por la Editora Política de Cuba bajo la dirección política de Fidel. Ese libro suscitó interés a nivel mundial y se lanzó en un evento al que asistieron más de 500 personas durante la Feria Internacional del Libro en Caracas, Venezuela, en noviembre de 2008.

Además de los principales artículos de Fidel que aparecen en estas páginas, algunos capítulos de *La paz en Colombia*, que no se reproducen aquí, resumen escritos de Marulanda y otros dirigentes de las FARC sobre los antecedentes de esa organización y su trayectoria política. Narran episodios sobre las iniciativas del liderazgo cubano a través de los años para ayudar a negociar el fin de la guerra entre el gobierno y las organizaciones guerrilleras en Colombia. Y relatan las conversaciones, destinadas a lograr ese objetivo, de dirigentes del gobierno y del Partido Comunista de Cuba con altos dirigentes de las FARC, del ELN y del M-19, así como representantes del gobierno colombiano. El lector encontrará más adelante en este prefacio, y también en la introducción y el epílogo de Fidel Castro a *La paz en Colombia*, una descripción de otros materiales incluidos por el dirigente cubano en esa obra.

Esta colección de la editorial Pathfinder —*La revolución y el camino a la paz en Colombia: El ejemplo de la Revolución Cubana*— comienza con un discurso que Castro pronunció en 1958. Fue transmitido por Radio Rebelde, la emisora del Ejército Rebelde en la Sierra Maestra durante la guerra revolucionaria para derrocar a la tiranía, apoyada por Washington, de Fulgencio Batista. Castro hace hincapié en el trato respetuoso y humanitario de los revolucionarios hacia los soldados de las fuerzas armadas de Batista que se rendían o que al ser heridos eran capturados por el Ejército Rebelde. Esta conducta subraya el historial consecuente que distingue a la dirección comunista en Cuba.

◆

Esta selección también incluye dos breves artículos de Fidel Castro publicados en julio de 2008 en *Granma*, diario del Partido Comunista de Cuba, que sientan las bases políticas para los temas que él desarrolla en *La paz en Colombia*.

Fidel escribió estos artículos inmediatamente después de que tropas del ejército colombiano rescataran a 15 rehenes de las FARC en julio de 2008. Entre los liberados estaban Ingrid Betancourt, secuestrada en 2002 mientras hacía campaña como candidata a la presidencia de Colombia; 11 soldados y policías colombianos; y tres ciudadanos estadounidenses.

Castro condenó el brutal operativo militar que tres meses antes el gobierno colombiano había realizado con la complicidad de Washington. Denunció al régimen por bombardear "un campamento en suelo ecuatoriano donde dormían guerrilleros colombianos y jóvenes visitantes de diversas nacionalidades". Condenó los "tiros de gracia a los heridos y secuestros de cadáveres". Esos ataques, dijo, eran parte de los intentos de Washington de explotar los secuestros en Colombia para promover sus propios intereses imperialistas en Venezuela, Bolivia y otros países de América Latina.

Fidel también explicó su discrepancia de larga data con la trayectoria política de Manuel Marulanda, quien también había sido un dirigente central del Partido Comunista de Colombia hasta que las FARC se separaron del PC en 1993. Marulanda había muerto en marzo de 2008.

Al observar que Marulanda "inició su resistencia armada hace 60 años", Castro dijo que el dirigente de las FARC "concebía una larga y prolongada lucha, un punto de vista que yo no compartía". Agregó que "nunca tuve la posibilidad de intercambiar con él".

El Partido Comunista de Colombia, "como todos los de América Latina, estaba bajo la influencia del Partido Comunista de la URSS [Unión Soviética] y no del de Cuba", dijo Castro. Nunca "se propuso conquistar el poder con las armas". La guerrilla que el Partido Comunista organizó había sido desde el principio "un frente de resistencia, no el instrumento fundamental de la conquista del poder revolucionario, como ocurrió en Cuba".

Bajo la dirección de Fidel Castro, el Ejército Rebelde y el Movimiento 26 de Julio actuaron con la convicción de que una auténtica revolución solo era posible con la masiva participación del pueblo trabajador, organizado independientemente de todos los partidos burgueses en Cuba.

Fidel dirigió una creciente fuerza guerrillera —el Ejército Rebelde, compuesto en su gran mayoría de trabajadores y campesinos explotados— en una lucha que derrotó a las poderosas fuerzas del ejército y la policía de una dictadura respaldada por Washington y estableció un gobierno popular revolucionario. El apoyo de las masas trabajadoras —de las ciudades y del campo por igual— a la lucha revolucionaria se extendió por toda Cuba. La caída del régimen de Batista el 1 de enero de 1959 ocurrió apenas dos años después del primer combate del Ejército Rebelde.

Utilizando su nuevo gobierno revolucionario, los trabajadores, campesinos y obreros agrícolas empezaron a transformarse a medida que trabajaban y luchaban hombro a hombro para transformar las condiciones sociales y relaciones de propiedad en su país.

• Se movilizaron para erradicar el analfabetismo en el espacio de un año y realizaron una extensa reforma agraria.

• Se sumaron a brigadas voluntarias que construyeron viviendas, clínicas, escuelas, centros de cuidado infantil y otras necesidades apremiantes.

• Formaron milicias populares para defender sus conquistas políticas y sociales frente a los ataques organizados por Washington.

• Ante las crecientes agresiones de los capitalistas extranjeros y nacionales, expropiaron las fábricas y plantaciones de propiedad norteamericana, y luego las propiedades de los explotadores cubanos.

• Desde sus primeros días en el poder, se solidarizaron con los que combatían la opresión y explotación imperialista alrededor del mundo.

La revolución socialista en Cuba propició la revitalización de un liderazgo marxista, auténticamente comunista, a nivel de masas por primera vez desde la Revolución Bolchevique de octubre de 1917 en Rusia bajo V.I. Lenin. En *La paz en Colombia*, Castro también expresó su fuerte desacuerdo con la práctica de las FARC de tomar a civiles como rehenes y con su trato de prisioneros. "Es conocida mi oposición a cargar con los prisioneros de guerra, a aplicar políticas que los humillen o someterlos a las durísimas condiciones de la selva", dijo. "Tampoco estaba de acuerdo con la captura y retención de civiles ajenos a la guerra".

Durante la guerra revolucionaria en Cuba, escribió Fidel, "entregábamos a la Cruz Roja Internacional a los soldados y oficiales capturados en cada batalla". De lo contrario, dijo, "jamás se rendirá" un soldado de las fuerzas armadas del enemigo de clase.

La coherencia de esa orientación política se confirmó en dos cartas que Fidel escribió en 1983, publicadas por primera vez en *La paz en Colombia* en un capítulo titulado, "El valor de los principios". Esas cartas, dirigidas al presidente colombiano Belisario Betancur, condenaban el secuestro del hermano de Betancur por el Ejército de Liberación Nacional (ELN). Ambas cartas se reproducen en este libro.

◆

En noviembre de 2012, cuatro años después de la publicación de *La paz en Colombia*, las iniciativas del gobierno cubano condujeron a las primeras negociaciones entre las FARC y el gobierno colombiano. Con el acuerdo de ambas partes, las conversaciones se realizaron en La Habana. Los gobiernos de Cuba y Noruega sirvieron de anfitriones y garantes.

En sus artículos de julio de 2008 en *Granma*, Fidel había afirmado que la dirección cubana estaba "a favor de la paz en Colombia". La meta de lograr "la verdadera paz, aunque lejana y difícil", es la que "durante tres décadas Cuba ha defendido en esa nación".

Al mismo tiempo, Fidel dijo que Cuba nunca apoyaría "la Paz Romana que el imperio pretende imponer en América Latina". Por esa razón, recalcó, no proponía que las FARC depusieran las armas.

En 2016 el gobierno colombiano y las FARC firmaron un "Acuerdo final para poner fin al conflicto".

Las negociaciones con el ELN fueron suspendidas en 2019 por el presidente colombiano Iván Duque. Fueron reiniciadas en 2022 por el nuevo presidente, Gustavo Petro, y suspendidas otra vez por el gobierno en enero de 2025, cuando el ELN reanudó sus combates.

Con inigualable hipocresía imperial, los gobernantes norteamericanos han mentido sobre el papel político que el gobierno cubano ha desempeñado para facilitar las negociaciones con el ELN. Sus mentiras son un pretexto para redoblar sus incesantes intentos de aplastar el ejemplo que el pueblo cubano y su liderazgo sentaron al hacer una revolución socialista. Desde el triunfo de la Revolución Cubana en 1959, estos implacables ataques han incluido la agresión militar directa durante los primeros años, las actividades terroristas lanzadas por grupos contrarrevolucionarios desde territorio norteamericano y más de seis décadas de sanciones económicas contra el gobierno y el pueblo de Cuba.

Todas las administraciones norteamericanas, tanto demócratas como republicanas, han llevado a cabo esta política, incluidas las de Donald Trump y de Joseph Biden. Como parte de esta brutal guerra política, económica y diplomática, Washington ha colocado a Cuba en su lista de "Estados Patrocinadores del Terrorismo". Esta infame medida impone sanciones aún más sofocantes, obstruyendo el acceso que tiene Cuba al sistema bancario y crediticio mundial. Eso a su vez limita su posibilidad de importar materias primas, combustible, medicamentos y alimentos esenciales, lo cual agrava severamente las dificultades para el pueblo cubano.

Como pretexto para mantener al gobierno cubano en su lista de "terroristas", el gobierno norteamericano alega cínicamente que La Habana rechazó la demanda del gobierno de Duque de extraditar a los representantes del ELN que habían viajado a Cuba para las negociaciones de paz. Los dirigentes cubanos respondieron explicando que el acatar esa demanda sería una completa violación de los protocolos aceptados por todas las partes. El gobierno de Noruega —que al igual que Cuba fue uno de los cuatro garantes de las negociaciones— respaldó la posición cubana de no extraditar a los dirigentes del ELN.

En 2022 el gobierno colombiano del presidente Gustavo Petro retiró la petición de extradición y reanudó las conversaciones con el ELN. El Congreso de Colombia otorgó una condecoración al gobierno de Cuba por sus gestiones desinteresadas a favor de poner fin al conflicto armado. Esto representó un nuevo golpe contra la calumnia propagada por Washington de que el gobierno revolucionario cubano es un "patrocinador estatal del terrorismo".

Sin embargo, Cuba permanece hasta la fecha en la lista de Washington.

◆

La revolución y el camino a la paz en Colombia: El ejemplo de la Revolución Cubana concluye con dos artículos de las páginas del *Militante*, un semanario socialista publicado en Nueva York. Uno es una réplica al artículo escrito por el conocido académico James Petras en 2008. La polémica de Petras fue intencionadamente titulada, "Fidel Castro y las FARC: Ocho tesis erróneas de Fidel Castro".

El otro es una charla que Mary-Alice Waters, dirigente del Partido Socialista de los Trabajadores en Estados Unidos, dio en 2023. Ella subraya la coherencia de principios de la trayectoria comunista de Fidel Castro a lo largo de décadas. El título de la charla capta uno de los hilos conductores de estas páginas: "El internacionalismo proletario no solo es una política exterior, es una expresión de la revolución misma".

"Si bien Fidel pertenece en primer lugar al pueblo trabajador de Cuba", dice Waters, "también pertenece a los pueblos oprimidos y explotados de todo el mundo".

◆

Para facilitar la lectura de *La revolución y el camino a la paz en Colombia*, al final del libro aparecen una cronología y un glosario que identifican términos, lugares, individuos y sucesos.

Al preparar *La paz en Colombia*, Fidel decidió que comenzara con dos documentos programáticos fundamentales de la revolución socialista cubana emitidos en 1960 y en 1962. "Desde muy temprano", escribió en su breve introducción al libro, "en acto masivo, el pueblo de Cuba envió su mensaje, en la Primera y Segunda Declaración de La Habana, a los pueblos hermanos de América Latina".

Fidel presentó La Segunda Declaración de La Habana en febrero de 1962 ante una concentración de más de un millón de personas. Trabajadores y campesinos llegaron a La Habana desde toda la isla para repudiar las amenazas que, una semana antes, la Organización de Estados Americanos —el "ministerio de colonias yanqui", según la tildaban— había lanzado contra la revolución.

La conquista del poder obrero es necesaria no solo en Cuba, proclamó audazmente la Segunda Declaración de La Habana, sino en todos los países de América. Lo que a las clases dominantes capitalistas "los une y los concita", afirmó, es "el miedo a que los pueblos saqueados del continente arrebaten las armas a sus opresores y se declaren, como Cuba, pueblos libres de América".

"El deber de todo revolucionario es hacer la revolución", recalcó la declaración. En todas partes del continente americano, incluido Estados Unidos, y en todo el mundo.

De eso se trata el presente libro. Ante todo, de eso se trata la Revolución Cubana y es eso lo que han cumplido los millones de trabajadores que hicieron esa revolución y la siguen defendiendo.

ABRIL DE 2025

Primera parte

Para los revolucionarios la victoria en la guerra depende de un mínimo de armas y un máximo de moral

Fidel Castro, transmisión por Radio Rebelde,
19 de agosto de 1958

Para los revolucionarios la victoria en la guerra depende de un mínimo de armas y un máximo de moral

FIDEL CASTRO

A continuación se reproducen fragmentos de un comunicado transmitido el 19 de agosto de 1958 desde la Sierra Maestra por Radio Rebelde, emisora del Ejército Rebelde, durante la guerra revolucionaria contra la tiranía de Batista. La transcripción completa del mensaje aparece en el libro La contraofensiva estratégica *de Fidel Castro, publicado en 2010 por la Oficina de Publicaciones del Consejo de Estado de Cuba.*

TODOS LOS HERIDOS y demás prisioneros fueron devueltos sin condición alguna. Puede no parecer lógico que en medio de la guerra se ponga en libertad a los prisioneros adversarios. Eso depende de qué guerra se trate y el concepto que se tenga de la guerra.

En la guerra hay que tener una política con el adversario, como hay que tener una política con la población civil. La guerra no es una mera cuestión de fusiles, de balas, de cañones y de aviones. Tal vez esa creencia ha sido una de las causas del fracaso de las fuerzas de la tiranía.

Aquella frase que pudo parecer meramente poética de nuestro Apóstol José Martí, cuando dijo que lo que importaba no era el número de armas en la mano sino el número de estrellas en la frente, ha resultado ser para nosotros una profunda verdad.

Desde que desembarcamos en el *Granma* adoptamos una línea invariable de conducta en el trato con el adversario, y esa línea se ha cumplido rigurosamente, como es posible que se haya cumplido muy pocas veces en la historia.

Desde el primer combate, el de La Plata el 17 de enero de 1957, hasta la última batalla en Las Mercedes los primeros días de agosto [de 1958], han estado en nuestro poder más de 600 miembros de las Fuerzas Armadas en este solo frente de la Sierra Maestra.

Con el orgullo legítimo de los que han sabido seguir una norma ética, podemos decir que, sin una sola excepción, los combatientes del Ejército Rebelde han cumplido su ley con los prisioneros. Jamás un prisionero fue privado de la vida; jamás un herido dejó de ser atendido.

Pero podemos decir más: jamás un prisionero fue golpeado, y algo todavía que añadir a esto: jamás un prisionero fue insultado u ofendido.

Todos los oficiales que han sido prisioneros nuestros pueden atestiguar que ninguno fue sometido a interrogatorio por respeto a su condición de hombres y de militares.

Las victorias obtenidas por nuestras armas sin asesinar, sin torturar y aun sin interrogar a un adversario demuestran que el ultraje a la dignidad humana no puede tener jamás justificación. Esta actitud mantenida durante 20 meses de lucha con más de 100 combates y batallas habla por sí sola de la conducta del Ejército Rebelde. Hoy en medio de las humanas pasiones no tiene tanto valor como lo tendrá cuando se escriba la historia de la revolución.

Que esta línea la hubiésemos seguido ahora que somos fuertes no es, en el sentido humano, tan meritorio como cuando éramos un puñado de hombres perseguidos como fieras por las abruptas montañas. Era entonces, por aquellos días de los combates de La Plata y Uvero [en enero y mayo de 1957], cuando haber sabido respetar la vida de los prisioneros tenía un profundo significado moral.

Y todavía esto no sería más que un deber de elemental reciprocidad si las fuerzas de la tiranía hubiesen sabido respetar la vida de los adversarios que caían en su poder. La tortura y la muerte eran la suerte segura que esperaba a cuanto rebelde, simpatizante de nuestra causa y simple sospechoso caía en poder del enemigo.

Muchos casos hubo en que infelices campesinos fueron asesinados para juntar cadáveres con que justificar los partes falsos del estado mayor de la tiranía. Si nosotros podemos afirmar que 600 miembros de las fuerzas armadas que pasaron por nuestras manos están vivos y en el seno de su familia, la dictadura como contrapartida puede afirmar que más de 600 compatriotas indefensos y en muchos casos ajenos a toda actividad revolucionaria han sido asesinados por sus fuerzas en esos 20 meses de campaña. Matar no hace más fuertes a nadie.

Matar los ha hecho a ellos débiles. No matar nos ha hecho a nosotros fuertes.

¿Por qué nosotros no asesinamos a los soldados prisioneros?

Primero: porque solo los cobardes y los esbirros asesinan un adversario cuando se ha rendido.

Segundo: porque el Ejército Rebelde no puede incurrir en las mismas prácticas que la tiranía que combate.

"Jamás un prisionero fue privado de la vida. Jamás un herido dejó de ser atendido. Pero podemos decir más: ni un prisionero fue golpeado, insultado u ofendido".

— Fidel Castro, Radio Rebelde, agosto 1958

GRANMA

Arriba: Sierra Maestra, Cuba oriental, fines de 1958. Las clínicas del Ejército Rebelde en zonas liberadas atendían sin distinción a campesinos, combatientes rebeldes y soldados heridos del ejército de Batista.

Abajo: Sierra Maestra, mediados de 1958. Ejército Rebelde entrega a soldados capturados a la Cruz Roja.

"Si algo me atrevo a sugerir a los guerrilleros de las FARC" en Colombia, escribió Fidel en 2008, es "que declaren a la Cruz Roja Internacional la disposición de poner en libertad a los secuestrados y prisioneros que aún estén en su poder, sin condición alguna. Cumplo el deber de expresar lo que pienso".

Arriba: Abril 1961, cerca de Playa Girón, costa sur de Cuba. Médicos de las fuerzas armadas revolucionarias atienden a mercenario capturado durante invasión a Cuba organizada por Washington.

Abajo: Abril 1961, Playa Girón. José Ramón Fernández (al frente, izq.), comandante de la principal columna de las fuerzas revolucionarias que derrotaron la invasión, al lado de mercenarios capturados. "El Ejército Rebelde y las milicias jamás mataron ni torturaron, ni abandonaron a un soldado enemigo herido", dijo. "Es una ética de principios de nuestras fuerzas armadas que Fidel ha exigido que se cumpla inviolablemente".

Tercero: porque la política y la propaganda de la dictadura ha consistido esencialmente en presentar a los revolucionarios como enemigos jurados e implacables de todo hombre que vista uniforme de las Fuerzas Armadas. La dictadura, mediante el engaño y la mentira, ha tratado a toda costa de solidarizar al soldado con su régimen haciéndole creer que luchar contra la revolución es luchar por su carrera y su propia vida. Lo que a la dictadura convendría no es que nosotros curásemos a los soldados heridos, respetásemos la vida a los prisioneros, sino que los asesináramos a todos sin excepción, para que cada miembro de las fuerzas armadas se viera en la necesidad de combatir por ella hasta la última gota de sangre.

Cuarto: porque si en cualquier guerra la crueldad es estúpida, en ninguna lo es tanto como en la guerra civil, donde los que luchan tendrán que vivir algún día juntos y los victimarios se encontrarán con los hijos, las esposas y las madres de las víctimas.

Quinto: porque frente a los ejemplos vergonzosos y deprimentes que han dado los asesinos y torturadores del dictador hay que anteponer como estímulo edificante a las generaciones venideras el ejemplo que están dando nuestros combatientes.

Sexto: porque hay que sembrar desde ahora la semilla de la confraternidad que debe imperar en la patria futura que estamos forjando para todos y por el bien de todos. Si los que combaten de frente saben respetar la vida de un adversario que se rinde, mañana nadie se podrá sentir con derecho a practicar en la paz la venganza y el crimen político.

Si hay justicia en la república, no debe haber venganza.

¿Por qué ponemos en libertad a los prisioneros?...

La victoria en la guerra depende de un mínimo de armas y un máximo de moral...

Un prisionero en libertad es el mentís más rotundo a la falsa propaganda de la tiranía...

Yo estoy completamente seguro de que si un solo día, en vez de combatir se pudieran reunir y conversar todos los revolucionarios y todos los soldados, la tiranía desaparecería al instante, y una paz larga y sincera se iniciaría, por muchos años.

Segunda parte

Reflexiones de Fidel Castro

De las páginas de 'Granma'

La historia real y el desafío de los periodistas cubanos

3 DE JULIO DE 2008

AYER OCURRIÓ UN importante acontecimiento, que será tema principal en los próximos días: la liberación de Ingrid Betancourt y un grupo de personas que estaban en poder de las FARC, sigla de la organización Fuerzas Armadas Revolucionarias de Colombia.

El 10 de enero del presente año, nuestro embajador en Venezuela, Germán Sánchez, a solicitud de los gobiernos de Venezuela y de Colombia, participa en la entrega a la Cruz Roja Internacional de Clara Rojas, quien fuera candidata a la vicepresidencia de Colombia cuando Ingrid Betancourt aspiró a la presidencia, y fue secuestrada el 23 de enero de 2002. Consuelo González, miembro de la Cámara de Representantes, secuestrada el 10 de septiembre del 2001, fue liberada con ella.

Se abría un capítulo de paz para Colombia, proceso que Cuba viene apoyando desde hace más de 20 años como lo más conveniente para la unidad y liberación de los pueblos de nuestra América, utilizando nuevas vías en las complejas y especiales circunstancias actuales después del hundimiento de la URSS [Unión Soviética] a principios de los

90 —que no intentaré analizar aquí—, muy diferentes a las de Cuba, Nicaragua y otros países en las décadas del 50, 60 y 70 del siglo 20.

El bombardeo en horas de la madrugada del 1 de marzo de un campamento en suelo ecuatoriano donde dormían guerrilleros colombianos y jóvenes visitantes de diversas nacionalidades, con uso de tecnología yanqui, ocupación de territorio, tiros de gracia a los heridos y secuestro de cadáveres como parte del plan terrorista del gobierno de Estados Unidos, repugnó al mundo...

Manuel Marulanda, campesino y militante comunista, jefe principal de esa guerrilla creada hace casi medio siglo, vivía todavía. Fallece el 26 de ese mismo mes.

Ingrid Betancourt, debilitada y enferma, así como otros cautivos en precarias condiciones de salud, difícilmente podrían resistir más tiempo.

Por elemental sentimiento de humanidad, nos alegró la noticia de que Ingrid Betancourt, tres ciudadanos norteamericanos y otros cautivos habían sido liberados. Nunca debieron ser secuestrados los civiles, ni mantenidos como prisioneros los militares en las condiciones de la selva. Eran hechos objetivamente crueles. Ningún propósito revolucionario lo podía justificar. En su momento, será necesario analizar con profundidad los factores subjetivos.

En Cuba ganamos nuestra guerra revolucionaria poniendo de inmediato en libertad y sin condición alguna a los prisioneros. Entregábamos a la Cruz Roja Internacional a los soldados y oficiales capturados en cada batalla, ocupando solo sus armas. Ningún soldado las depone si lo espera la muerte o un tratamiento cruel.

Observamos con preocupación cómo el imperialismo trata de explotar lo ocurrido en Colombia para ocultar y justificar sus horrendos crímenes de genocidio con otros pueblos, desviar la atención internacional de sus planes intervencionistas en Venezuela y Bolivia, y la presencia de la Cuarta Flota en apoyo de la línea política que pretende liquidar totalmente la independencia y apoderarse de los recursos naturales de los demás países al sur de Estados Unidos. Son ejemplos que deben ilustrar a todos nuestros periodistas. La verdad en nuestros tiempos navega por mares tempestuosos, donde los medios de divulgación masiva están en manos de los que amenazan la supervivencia humana con sus inmensos recursos económicos, tecnológicos y militares. ¡Ese es el desafío de los periodistas cubanos!

La Paz Romana

LOS DATOS QUE UTILIZO fueron tomados fundamentalmente de las declaraciones del embajador de Estados Unidos en Colombia, William Brownfield, la prensa y la televisión de ese país, la prensa internacional y otras fuentes. Impresiona el derroche de tecnología y recursos económicos utilizados. Mientras los altos jefes militares de Colombia se esmeraban en señalar que la operación de rescate de Ingrid Betancourt fue enteramente colombiana, las autoridades de Estados Unidos declaran que "fue el resultado de años de intensa cooperación militar entre los ejércitos de Colombia y Estados Unidos...

" 'La verdad es que hemos logrado compaginarnos de una manera que pocas veces hemos logrado en Estados Unidos, excepto con nuestros viejos aliados, principalmente de la OTAN', señaló Brownfield, refiriéndose a las relaciones con las fuerzas de seguridad colombianas, que han recibido más de 4 mil millones de dólares en asistencia militar desde el 2000".

"En varias ocasiones el gobierno de Estados Unidos tuvo que tomar decisiones en sus más altos niveles para la operación.

"Los satélites espías estadounidenses ayudaron a ubicar a los rehenes durante un período de un mes que comenzó el 31 de mayo y concluyó con el rescate del miércoles".

"Los colombianos instalaron equipos de vigilancia de video, proporcionados por Estados Unidos, que pueden hacer acercamientos y tomas panorámicas operadas a control remoto a lo largo de ríos que son la única ruta de transporte a través de densas zonas selváticas, indicaron autoridades colombianas y estadounidenses.

"Aviones norteamericanos de reconocimiento interceptaron conversaciones por radio y teléfono satelital de los rebeldes y emplearon imágenes que pueden penetrar el follaje de la selva".

"'El desertor [que apoyó la operación] recibirá una suma considerable de los cerca de 100 millones de dólares que el gobierno había ofrecido como recompensa', declaró el Comandante General del ejército colombiano".

El miércoles 1 de julio, la BBC de Londres publicó que César Mauricio Velásquez, secretario de prensa de la Casa de Nariño [palacio de gobierno] informó que delegados de Francia y Suiza se habían reunido con Alfonso Cano, jefe de las FARC.

Según BBC, este sería el primer contacto que el nuevo jefe aceptaba con delegados internacionales después de la muerte de Manuel Marulanda. La falsa información sobre la reunión de dos emisarios europeos con Cano había sido transmitida desde Bogotá.

El fallecido líder de las FARC nació el 12 de mayo de 1932, según el testimonio de su padre. Campesino liberal de origen pobre, partidario de[l dirigente liberal Jorge Eliécer] Gaitán, inició su resistencia armada hace 60 años. Fue guerrillero antes que nosotros, como reacción ante las matanzas de campesinos perpetradas por la oligarquía. El Partido Comunista —donde ingresó más tarde—, como todos los de América Latina, estaba bajo la influencia del Partido Comunista de la URSS y no del de Cuba. Eran solidarios con nuestra revolución pero no subordinados.

Fueron los narcotraficantes y no las FARC quienes desataron el terror en ese hermano país en sus pugnas por el mercado de Estados Unidos haciendo estallar no solo potentes bombas, sino incluso camiones cargados de explosivos plásticos que destruyeron instalaciones, hirieron o mataron a incontables personas.

Nunca el Partido Comunista de Colombia se propuso conquistar el poder con las armas. La guerrilla era un frente de resistencia, no el instrumento fundamental de la conquista del poder revolucionario, como ocurrió en Cuba. En el año 1993, en la Octava Conferencia de las FARC, se decide romper con el Partido Comunista. Su jefe, Manuel Marulanda, asumió la dirección de las guerrillas de ese partido, que siempre se distinguieron por un hermético sectarismo en la admisión de combatientes y los métodos férreos y compartimentados de mando.

Marulanda, de notable inteligencia natural y dotes de dirigente, no tuvo en cambio oportunidades de estudio cuando era adolescente. Se dice que pudo cursar solo hasta el quinto grado. Concebía una larga y prolongada lucha, un punto de vista que yo no compartía. Nunca tuve posibilidad de intercambiar con él.

Las FARC alcanzaron considerable fuerza y llegaron a sobrepasar los 10 mil combatientes. Muchos nacieron durante la propia guerra y no conocían otra cosa. Otras organizaciones de izquierda rivalizaron con las FARC en la lucha. Ya entonces el territorio colombiano se había convertido en la más grande fuente de producción de cocaína del mundo. La violencia extrema, los secuestros, los impuestos y exigencias a los productores de drogas se generalizaron. Las fuerzas paramilitares, armadas por la oligarquía, cuyos efectivos se nutrían del enorme caudal de hombres que prestaban servicios en las fuerzas armadas del país y eran desmovilizados cada año sin empleo asegurado, crearon en Colombia una situación tan compleja que solo había una salida: la verdadera paz, aunque lejana y difícil como otras muchas metas de la humanidad. La opción que durante tres décadas Cuba ha defendido en esa nación.

Mientras los periodistas cubanos discuten en su Octavo Congreso las nuevas tecnologías de la información, los principios y la ética de los comunicadores sociales, yo meditaba sobre los acontecimientos señalados.

Expresé con claridad nuestra posición en favor de la paz en Colombia, pero no estamos a favor de la intervención militar extranjera ni con la política de fuerza que Estados Unidos pretende imponer a toda costa y a cualquier precio a ese sufrido y laborioso pueblo.

Critiqué con energía y franqueza los métodos objetivamente crueles del secuestro y la retención de prisioneros en las condiciones de la selva. Pero no estoy sugiriendo a nadie que deponga las armas, si en los últimos 50 años los que lo hicieron no sobrevivieron a la paz.

Si algo me atrevo a sugerir a los guerrilleros de las FARC es simplemente que declaren por cualquier vía a la Cruz Roja Internacional la disposición de poner en libertad a los secuestrados y prisioneros que aún estén en su poder, sin condición alguna. No pretendo que se me escuche; cumplo el deber de expresar lo que pienso. Cualquier otra conducta serviría solo para premiar la deslealtad y la traición.

Nunca apoyaré la Paz Romana que el imperio pretende imponer en América Latina.

"No estoy sugiriendo a nadie que deponga las armas. Y nunca apoyaré la Paz Romana que el imperio pretende imponer en América Latina. Pero la verdadera paz en Colombia, aunque difícil, es la opción que durante tres décadas Cuba ha defendido en esa nación". — Fidel Castro, 2008

Arriba: La Habana, 23 de junio de 2016. Acto de firma del "Acuerdo para poner fin al conflicto" por el presidente colombiano Juan Manuel Santos y el dirigente de las FARC Rodrigo Lodoño (dándose la mano, izquierda y derecha, respectivamente). También estuvieron presentes el presidente cubano Raúl Castro (segundo de la izquierda) y el canciller noruego Borge Brende, cuyos gobiernos fueron garantes de las negociaciones.

Abajo: La Habana, enero 2001. Los dirigentes cubanos Fidel Castro y José Arbesú (segundo de la izq.) con comandantes del Ejército de Liberación Nacional. El gobierno cubano ha jugado un papel central promoviendo las negociaciones entre el gobierno colombiano y el ELN.

Tercera parte

De 'La paz en Colombia'

Fidel Castro

Introducción
a 'La paz en Colombia'

ES UN TEMA SOBRE el que prometí escribir. No era fácil hacerlo. Otros asuntos han ocupado mi tiempo. Ahora cumplo la promesa.

¿Fue objetivo y justo mi análisis sobre [el dirigente de las Fuerzas Armadas Revolucionarias de Colombia Manuel] Marulanda y el Partido Comunista de Colombia en las Reflexiones publicadas el pasado 5 de julio de 2008? [ver páginas 37–41]. Nadie puede asegurar nunca que sus puntos de vista carecen de subjetivismo; siempre se puede correr el riesgo de parecer injusto. Quien afirma algo, debe estar dispuesto a demostrar lo que dice y por qué lo dice.

Mi desacuerdo con la concepción de Marulanda se fundamenta en la experiencia vivida, no como teórico, sino como político que enfrentó y debió resolver problemas muy parecidos como ciudadano y como guerrillero, solo que los suyos fueron más complejos y difíciles.

Sería incorrecta la idea de que en Colombia y en Cuba se partía de las mismas circunstancias. En común compartíamos la ausencia inicial de una ideología revolucionaria —ya que nadie nace con ella— y de un programa para llevar a la realidad más tarde la construcción del socialismo. No cuestiono en lo más mínimo su honradez, ni la del Partido Comunista de Colombia. Por el contrario, merecen respeto, porque fueron revolucionarios, luchadores antiimperialistas, a cuya causa entregaron decenas de años de lucha. Lo explicaré.

Cuando asesinaron al prestigioso líder popular [del partido Liberal] Jorge Eliécer Gaitán el 9 de abril de 1948, Pedro Antonio Marín, campesino pobre que después adoptó el nombre de Manuel Marulanda en honor a un colombiano que murió en la guerra de Corea, se incorporó al movimiento guerrillero liberal. Solo tenía 18 años.

Los testimonios sobre su vida son escasos, pero suficientes para satisfacer la curiosidad de un lector que desee información para aproximarse a los hechos referidos. He tratado de hurgar en diversas fuentes. Quien más sistemáticamente habló del famoso guerrillero fue el historiador colombiano Arturo Alape, cuyo rigor como investigador pude comprobar por mis relaciones con él. Es difícil que se le hubiera escapado un detalle. En varias oportunidades se reunió con Marulanda y las fuerzas guerrilleras. Durante meses convivió con ellas para escrutar los móviles y objetivos de su dura lucha. Puedo valorar correctamente la información que suministra.

Pero no es la única fuente. Están los testimonios de Jacobo Arenas, intelectual y dirigente comunista enviado por su partido para atender al sector campesino, componente indispensable para la revolución en Colombia.

El Partido Comunista de ese hermano país, como los otros de América Latina, grandes o pequeños, fueron miembros disciplinados de la Internacional [Comunista] mientras existió formalmente. Seguían la línea del Partido Comunista de la URSS [Unión Soviética]. En los años de la Guerra Fría continuaron siendo reprimidos por sus ideas. Los medios de publicidad imperialistas y oligárquicos se ensañaron con ellos.

El surgimiento de la revolución en Cuba, sin vínculo alguno con la URSS pero basada en las enseñanzas del marxismo-leninismo, suscitó sentimientos contradictorios pero no antagónicos. En nuestra patria fueron superados y la unidad se abrió paso, aunque no sin contradicciones ni sectarismos, entre los militantes y simpatizantes del antiguo partido [Partido Socialista Popular], con educación política avanzada, y sectores de la pequeña burguesía radicalizados pero permeados por el fantasma del anticomunismo.

Las victorias del Ejército Rebelde, como primeramente se calificó a las fuerzas guerrilleras, fueron el factor decisivo en la fase ulterior de la revolución. Tal explicación es ineludible para comprender la esencia de las relaciones de Cuba con los revolucionarios de América Latina.

Los que organizamos el movimiento que intentó tomar el poder el 26 de julio de 1953 [en el asalto al cuartel Moncada] teníamos una idea clara de nuestros objetivos, y de ello quedó constancia. Los combatientes procedían de los sectores humildes de nuestro pueblo y ninguno objetaba nuestros propósitos. El antiguo partido fue nuestro amigo, incluso antes de aquel intento. Todos los que lucharon contra la tiranía vertieron finalmente sus aguas en un solo río.

De la singular experiencia vivida en la pequeña isla a 90 millas de Estados Unidos, con una base militar [norteamericana] impuesta en su propio territorio, nacieron nuestros puntos de vista con relación a la América Latina. No teníamos, sin embargo, derecho a inmiscuirnos en los asuntos internos de cualquier otro país como no fuese con el inevitable impacto de los acontecimientos.

Infortunadamente, fueron los gobiernos de los demás países —con excepción de México, todavía bajo la influencia de su revolución social de principios de siglo y el brillante papel patriótico y antiimperialista de[l presidente] Lázaro Cárdenas— los que, presionados por Estados Unidos, rompieron normas morales y principios legales y se sumaron a la agresión contra Cuba. Explotaron la existencia de Cuba revolucionaria para obtener migajas del imperialismo. Si alguno ofrecía resistencia, era derrocado sin pena ni gloria.

Estados Unidos organizó bandas armadas y grupos terroristas suministrados por aire y mar que pusieron bombas, incendiaron instalaciones sociales y económicas —incluidos teatros, círculos infantiles, fábricas, plantaciones de caña, almacenes, grandes tiendas y otros objetivos— segando vidas o mutilando a cubanos en su traicionera acción. Incluso, algunos maestros y jóvenes alfabetizadores fueron torturados y asesinados.

No lo afirma simplemente quien esto escribe. Consta en los documentos desclasificados de la CIA. Un hecho relevante, notorio, conocido por todos, es que el 15 de abril de 1961, aviones de combate e instalaciones de nuestra fuerza aérea fueron atacados por aviones que llevaban [falsas] insignias cubanas. Dos días después, fuerzas mercenarias escoltadas por la armada de guerra yanqui —incluido un portaaviones— y la infantería de marina desembarcaron por la Bahía de Cochinos. ¿Qué hicieron los gobiernos de los países de América, con la excepción de México? Apoyar a Estados Unidos en su guerra genocida contra el pueblo cubano.

Más tarde la CIA lanzó virus y bacterias contra nuestra población y nuestras plantaciones. ¿Qué hicieron los gobiernos de los países hermanos?

El gobierno de Estados Unidos puso al mundo al borde de la guerra nuclear [en octubre de 1962], porque se negaba a renunciar a la idea de atacar directamente a Cuba con sus poderosas fuerzas militares, lo que habría costado una incalculable cifra de vidas y destrucción, pues, como es sabido, el pueblo cubano resistiría hasta la última gota de sangre.

Cuando la República Dominicana fue invadida en abril de 1965, los gobiernos de América Latina también apoyaron a los agresores.

No hace falta añadir más para comprender que durante décadas esa fue la conducta de las tiranías militares que torturaron, asesinaron y desaparecieron a cientos de miles de personas en este hemisferio en complicidad con el imperio que las promovió.

Desde muy temprano, en acto masivo, el pueblo de Cuba envió su mensaje, en la Primera y la Segunda Declaración de La Habana, a los pueblos hermanos de América Latina. A partir de esa realidad es que se puede explicar el interés con que seguíamos el desarrollo de los acontecimientos políticos en cualquier país de Nuestra América.

He revisado numerosas notas, informes y documentos relacionados con el tema colombiano, entre ellos relatos de las conversaciones sostenidas con personalidades que visitaron a Cuba y con las que intercambiamos extensamente sobre la paz en Colombia.

En 1950, cuando una guerrilla comunista hizo contacto con él, Marulanda, que procedía de un grupo gaitanista liberal integrado en parte por familiares suyos, había evolucionado hacia posiciones cercanas a los comunistas; les critica a estos sus excesivos actos de formalismo militar y determinadas tendencias sectarias en sus concepciones.

Nuestra idea de la guerrilla como embrión en desarrollo de una fuerza capaz de tomar el poder no partía solo de la experiencia cubana, sino también de la de otros países en América Latina. En cualquiera de ellos suponía la lucha por los pobres con independencia de sus niveles de educación, que en todas partes, como clases explotadas —obrera o campesina, o jornaleros modestos e incluso soldados—, era muy baja.

En Centroamérica, región que fue víctima de las intervenciones de filibusteros [aventureros militares pro-esclavistas] o soldados de Estados Unidos en diversas épocas, casi todos los países estaban gobernados por sangrientas dictaduras al triunfo de la Revolución Cubana. Sin excepción, eran cómplices e instrumentos del imperialismo contra Cuba.

Los grupos revolucionarios, en su lucha, estaban divididos en Nicaragua, El Salvador y Guatemala. Más tarde o más temprano los militantes comunistas se sumaron a la lucha armada de los campesinos y la pequeña burguesía revolucionaria. En todos, con sus peculiares e ineludibles características siempre presentes, surgieron tendencias aferradas al concepto de lucha excesivamente prolongada. El esfuerzo de Cuba se consagró a la búsqueda de la unidad. Constan las actas y fotos de los momentos históricos en que esta se logró.

Hubo guerrilleros que perdieron años planeando triunfos para las calendas griegas. Se trataba de una concepción que no cabía en nuestras mentes. Es igualmente cierto que los eternos pregoneros del capitalismo, manejados por los órganos de inteligencia yanqui, sembraron ideas extremistas en la mente de algunos revolucionarios.

Centroamérica fue escenario de un choque de ideas. Recuerdo que en los años de[l presidente James] Carter, Bob Pastor, un representante suyo que realizó numerosas visitas a nuestro país, más de una vez al reunirse conmigo exclamó de forma que parecía ingenua: "¿Y por qué tú insistes tanto en unidad, unidad, unidad?" Yo reía por dentro, al observar la reacción alérgica de aquel joven funcionario norteamericano contra la unidad de los latinoamericanos.

Carter, sin embargo, era un inusual presidente de Estados Unidos con principios éticos, que partía de su fe religiosa y no planeó asesinar a Castro. Por eso siempre lo traté con respeto. Bajo su gobierno, [Omar] Torrijos alcanzó la soberanía sobre el Canal, evitando una matanza que después [George] Bush padre perpetró [en la invasión norteamericana a Panamá en 1989].

La historia de Centroamérica requeriría un libro que tal vez alguien escriba un día. Triunfó la revolución en Nicaragua [en 1979], que significó una esperanza. [El presidente Ronald] Reagan le impuso la guerra sucia, que costó miles de vidas a ese país. Hizo estallar en el viejo continente el gasoducto de Siberia en complicidad con la [primera ministra británica Margaret] Thatcher y el resto de la OTAN. Puso en crisis irrecuperable a la URSS y liquidó el campo socialista. Se creaba una situación enteramente nueva.

Hace muy poco escuchaba a Tarek William [Saab], destacado poeta venezolano y hoy gobernador de Anzoátegui, el estado petrolero más rico de Venezuela, que a una de sus obras sociales le puso el nombre de Roque Dalton, poeta prestigioso y revolucionario, miembro del ERP [Ejército Revolucionario del Pueblo], extrañamente asesinado en El Salvador.*

---

* Ver la cronología: mayo de 1975.

Con dolor expresó el nombre del presunto asesino. "Me duele mucho" —exclamó— "cuando los yanquis lo envían aquí para decirnos cómo debemos hacer las cosas en Venezuela".

Realmente desconocía el bochornoso hecho que le imputa Tarek. Había conocido al personaje cuando era militante y jefe del ERP [salvadoreño], una destacada organización revolucionaria, combativa y resuelta, con magníficos combatientes del pueblo. Las alusiones a la muerte de Roque Dalton parecían simples calumnias. Dediqué, personalmente, decenas de horas en transmitirle experiencias, ideas, tácticas y principios de la guerra. No dudó en aplicarlas. Las unidades del ERP luchaban contra batallones salvadoreños entrenados en Estados Unidos con las más avanzadas técnicas que habían desarrollado.

Les insistía: no ejecuten a los prisioneros, no rematen a los heridos. Superen esa práctica torpe y estéril, porque así jamás se rendirá uno de ellos.

Debo añadir que las armas con que combatían los revolucionarios salvadoreños eran las ocupadas en Saigón, cedidas a Cuba por Vietnam después de la victoria. Como se verá en el capítulo 9 [de *La paz en Colombia*], militantes revolucionarios integrados en el Frente Farabundo Martí para la Liberación Nacional (FMLN) [de El Salvador] llevaron a cabo proezas sin precedentes en las luchas de liberación de América Latina, si se tiene en cuenta el número de hombres y el volumen de fuego de las armas modernas.

Desaparecidos la URSS y el campo socialista, derrotada electoralmente la revolución nicaragüense por la sangría de la guerra sucia impuesta por Washington, llegó la hora de tomar decisiones a otros movimientos en Centroamérica.

Pidieron mi opinión. "Eso solo lo pueden decidir ustedes", fue la respuesta, "solo sé lo que Cuba haría".

Añado esta vez que el mencionado jefe del ERP [Joaquín Villalobos] recibió beca en Oxford, estudió ciencias políticas y económicas. Por lo que contó el gobernador de Anzoátegui, ahora es asesor yanqui sobre el arte de gobernar revolucionariamente.

El pueblo de Cuba soportó la desaparición de la Unión Soviética sin rendirse y se dispuso a luchar hasta las últimas consecuencias, para que —como dijo Rubén Martínez Villena— sus hijos no tengan que mendigar de rodillas lo que sus padres conquistaron de pie.

Del material reunido y analizado salió un pequeño libro. Sus capítulos pudieron reducirse a partes aproximadamente iguales, aunque algunos son más extensos y otros más breves. No deseábamos que la forma prevaleciera sobre el contenido. Se incluyen textos que son ineludibles para comprender los problemas. Uso el método de seleccionar ideas básicas, tal como constan en los documentos.

Disponer de los elementos de juicio requeridos es un deber de los que realmente luchan por un mundo mejor y más justo.

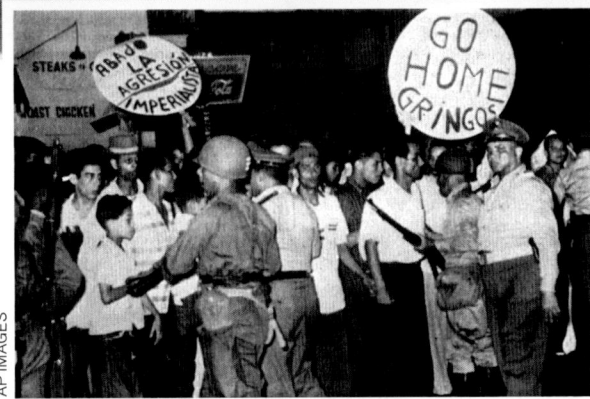

"Estados Unidos no es amigo de los pueblos de América Latina. Por más de un siglo ha intervenido en sus asuntos internos. Arrebató territorios, saqueó sus recursos naturales y agredió su cultura". — Fidel Castro, 2008

Arriba: Santo Domingo, República Dominicana, mayo 1965. Trabajadores y jóvenes armados, dirigidos por el coronel Francisco Caamaño (segunda fila, izq.), se movilizan para resistir invasión por 24 mil tropas norteamericanas. A los invasores les tomó cinco meses aplastar el levantamiento popular, que comenzó cuando oficiales militares subalternos derrocaron una junta apoyada por Washington.

Abajo: Panamá, 1959. Estudiantes exigen fin de la ocupación estadounidense de la Zona del Canal. Panamá logró la soberanía del canal en diciembre de 1999, tras una lucha que duró décadas.

Epílogo

LAS REALIDADES OBJETIVAS de las que habló [el ex presidente colombiano] Belisario Betancur condujeron a [Andrés] Pastrana a lo que sin duda no deseaba cuando asumió su período de cuatro años como presidente de Colombia entre 1998 y 2002. Estados Unidos no es amigo de los pueblos de América Latina. Durante más de un siglo y medio intervino en sus asuntos internos, les arrebató territorios, saqueó sus recursos naturales, agredió su cultura, les impuso el intercambio desigual, saboteó los intentos unitarios desde la época de la independencia, promovió los conflictos entre nuestros países, explotó las grandes diferencias en el seno de nuestras sociedades.

Las naciones de América Latina han sufrido olas de inflación y crisis económica mientras otras partes del mundo se desarrollaban. A pesar de las emigraciones, el número de los que padecían pobreza extrema se elevaba, y también el número de niños obligados a pedir limosnas en las grandes urbes.

Durante los últimos 50 años, los golpes militares y las tiranías sangrientas, promovidos por Estados Unidos, han significado cientos de miles de desaparecidos, torturados y asesinados en Centro y Suramérica. En las escuelas militares de ese país se han formado los golpistas y torturadores.

A pesar de la gravedad del crimen cometido contra el pueblo de Estados Unidos por la acción terrorista perpetrada en Nueva York el 11 de septiembre de 2001 —en la que para nada se toma en cuenta la responsabilidad por negligencia del presidente [George W. Bush] y las deficiencias de los cuerpos de seguridad de su gobierno— no se justificaba el apoyo a la guerra declarada por Bush contra "60 o más oscuros rincones del mundo", entre los que pueden ser incluidos los países latinoamericanos.

Pastrana, que tantas veces se reunió con el jefe guerrillero, sin duda podía comprobar la diferencia entre la sinceridad de Marulanda y el cinismo de Bush. Son hechos absolutamente contradictorios la paz con Bush y la guerra contra Marulanda.

El problema de las drogas, que hoy constituye un azote para los pueblos de América Latina, en realidad fue originado por su enorme demanda en Estados Unidos, cuyas autoridades nunca se decidieron a combatirlo con energía, mientras asignaban esa tarea únicamente a los países donde la pobreza y el subdesarrollo impulsaban a masas de campesinos a cultivar la hoja de coca o la amapola en vez de café, cacao y otros productos subvalorados en el mercado de Estados Unidos.

No en balde [el dirigente de las FARC] Raúl Reyes le contó a[l dirigente cubano José] Arbesú que el Departamento de Estado hizo contacto con las FARC, interesado en su colaboración para luchar contra las drogas. "Era lo único que les interesaba", dijo Reyes. ¡Para solicitarle tal "cooperación" las FARC no eran terroristas!, podemos añadir nosotros.

Marulanda era partidario de la sustitución de esos cultivos acompañada de programas sociales y compensaciones económicas. Con gran realismo, no veía otra forma de liquidarlos.

Así lo hizo Cuba con los cultivos ilícitos cuando triunfó la revolución. Durante muchos meses, en las montañas ni siquiera sabíamos cómo era una planta de marihuana. Los pocos que la cultivaban eran los más astutos en filtrarse de un lado a otro de las líneas enemigas. Algunos extremistas nuestros querían comenzar a juzgar a los responsables. Yo recomendé esperar el fin de la guerra. Así se erradicaron tales cultivos, aunque no existía, desde luego, el grave y complejo problema actual de Colombia.

Raúl Reyes y Manuel Marulanda ya no viven. Murieron en la lucha. Uno, por ataque directo con nuevas tecnologías desarrolladas por los yanquis; el otro, por causa natural.

Yo discrepaba con el jefe de las FARC por el ritmo que asignaba al proceso revolucionario de Colombia, su idea de guerra excesivamente prolongada. Su concepción de crear primero un ejército de más de 30 mil hombres, desde mi punto de vista, no era correcta ni financiable para el propósito de derrotar a las fuerzas adversarias de tierra en una guerra irregular.

[Marulanda] hizo cosas extraordinarias con unidades guerrilleras que, bajo su dirección personal, penetraban en la profundidad del terreno enemigo. Cuando alguien fallaba en el cumplimiento de una misión parecida, estaba listo siempre para demostrar que era posible. En cierta ocasión, estuvo dos años recorriendo la mitad de Colombia con una unidad de 40 hombres.

Las FARC, por sus concepciones operativas, nunca cercaron ni obligaron a la rendición a batallones completos con el apoyo de artillería, unidades blindadas y fuerza aérea a su favor, experiencia que nosotros llegamos a conocer y así vencer unidades aun mayores de sus tropas élites. No ocurrió así con las FARC, pese a la enorme calidad de sus combatientes.

Es conocida mi oposición a cargar con los prisioneros de guerra, a aplicar políticas que los humillen o someterlos a las durísimas condiciones de la selva. De ese modo nunca rendirían las armas, aunque el combate estuviera perdido. Tampoco estaba de acuerdo con la captura y retención de civiles ajenos a la guerra. Debo añadir que los prisioneros y rehenes les restan capacidad de maniobra a los combatientes. Admiro, sin embargo, la firmeza revolucionaria que mostró Marulanda y su disposición a luchar hasta la última gota de sangre.

La idea de rendirse nunca pasó por la mente de ninguno de los que desarrollamos la lucha guerrillera en nuestra patria. Por eso declaré en una Reflexión que jamás un luchador verdaderamente revolucionario debía deponer las armas. Así pensaba hace más de 55 años. Así pienso hoy.

Invertí más de 400 horas de intenso trabajo en este esfuerzo. Lo revisé cuidadosamente bajo el impacto de los huracanes que golpearon con extrema violencia a Cuba. Me satisfizo hacerlo. Aprendí mucho. He cumplido mi promesa.

El valor de los principios

A continuación se reproducen dos cartas del presidente cubano Fidel Castro al presidente Belisario Betancur de Colombia. Se publicaron en *La paz en Colombia*, en el capítulo que Castro tituló "El valor de los principios".

El 22 de noviembre de 1983, el hermano de Betancur, Jaime, fue secuestrado por una célula del Ejército de Liberación Nacional. El ELN era uno de los grupos guerrilleros en Colombia. Fundado en los años 60 a partir de una negación ultraizquierdista de la Revolución Cubana, tenía un origen político diferente de las Fuerzas Armadas Revolucionarias de Colombia. El grupo del ELN que secuestró a Betancur amenazó con matarlo si el gobierno no cumplía varias demandas, incluido un aumento del salario mínimo nacional.

En estas cartas Castro condenó el secuestro y pidió que Jaime Betancur fuera puesto en libertad inmediatamente. En un intento de justificar sus acciones, los secuestradores alegaron que el ELN estaba siguiendo "las tesis de la Revolución Cubana". En la segunda carta, Castro también respondió a esta falsa afirmación. Jaime Betancur fue liberado por sus captores el 6 de diciembre de 1983.

El dirigente cubano tomó esta iniciativa a pesar de que dos años atrás el gobierno colombiano, presionado por Washington, había roto relaciones diplomáticas con La Habana. Estos lazos no se restablecieron hasta 1991.

En el mismo capítulo de *La paz en Colombia*, Castro comenta sobre sus intercambios con dirigentes de los movimientos revolucionarios en Nicaragua y El Salvador a finales de los años 70 y principios de los 80, y también sobre la colaboración internacionalista cubana con el gobierno revolucionario dirigido por Maurice Bishop en la isla caribeña de Granada. En todas estas relaciones, dijo Castro, los dirigentes cubanos aplicaban "el mismo principio que practicábamos con todos los movimientos revolucionarios: respeto absoluto por su política, sus criterios y sus decisiones. Emitir puntos de vista sobre cualquier tema únicamente si se nos solicitaba".

Fidel describe a fondo los sucesos de Granada en octubre de 1983 que llevaron a la destrucción de la revolución. Él condena el golpe contrarrevolucionario realizado por una facción dirigida por Bernard Coard, golpe en el cual Bishop y otros dirigentes fueron asesinados y la población fue sometida a la ley marcial las 24 horas del día. Estos actos brutales abrieron la puerta, una semana después, a la invasión norteamericana de esa nación caribeña, en la que 24 voluntarios internacionalistas cubanos murieron defendiéndose.

Las dos cartas de Fidel fueron divulgadas públicamente por el despacho del presidente Betancur.

22 de noviembre de 1983
Al Excelentísimo Señor Belisario Betancur
Presidente de la República de Colombia

Estimado Presidente:
Estamos conmovidos por la noticia del secuestro de su hermano Jaime. Recordamos en estos momentos el interés mostrado por usted hace breves semanas de cooperar en el regreso a nuestra patria de los colaboradores cubanos caídos, heridos o hechos prisioneros en desigual, pero heroica lucha contra las tropas invasoras [norteamericanas] en Granada. Consideramos absolutamente injustificable, desde todo punto de vista, el acto realizado contra su hermano y contra usted, que como presidente ha dado inequívocas pruebas de interés por la paz dentro y fuera de Colombia, y de nobles sentimientos humanitarios...

Como revolucionario siempre he creído que la ética es un principio irrenunciable, sin el cual incluso la más justa y limpia de las causas políticas puede ser irreversiblemente dañada y mancillada. No es ética, ni es política, ni es justa bajo ningún concepto, a nuestro juicio, esta acción contra un familiar allegado suyo. Dañarlo físicamente o privarle de la vida, sería un crimen que no pueden cometer jamás quienes verdaderamente actúen en nombre de ideas revolucionarias.

Le expreso mis fervientes esperanzas de que quienes lo tengan en su poder, si están motivados por causas políticas, si se conceptúan como revolucionarios, sean sensibles a estos razonamientos y que Jaime sea respetado de modo absoluto en su integridad física y liberado de inmediato.

Atentamente,
Fidel Castro

◆

En *La paz en Colombia*, Fidel Castro explica por qué envió
a Belisario Betancur una segunda carta, publicada el 2 de
diciembre de 1983, y cita fragmentos de esta:

Poco después, se publica una declaración en nombre del
ELN reiterando sus exigencias. Era una respuesta extraña,
aunque no anticubana.

Recordando las consecuencias del extremismo teórico
esgrimido por los que fueron cómplices de la invasión a
Granada, le envío otro mensaje al presidente Belisario Betancur, sobre el que Prensa Latina publicó:

Sospecho que el documento es falso o puede haber
elementos de otra índole mezclados, o influyendo
en el desarrollo de los hechos. Ningún grupo
revolucionario acostumbra a expresar abiertamente
su adhesión a las tesis de la Revolución Cubana,
lo cual resulta mucho más extraño después de
la fuerte crítica de Cuba al secuestro de Jaime
Betancur.

Cuba realmente no se honra ni se puede sentir
jamás honrada con la adhesión de quienes realicen
tales hechos, carentes de ética y del más elemental
sentido político...

Me surge la sospecha de que fuerzas de otro tipo
y con otras motivaciones, bien en forma directa
o indirecta, mediante la infiltración en alguna
organización que se considere revolucionaria, estén
influyendo en los hechos.

Puede haber detrás de estos acontecimientos una gran provocación contra su política de paz, dentro y fuera de Colombia, y la independencia y dignidad asumidas bajo su Presidencia por la política internacional de su país, de la cual son ejemplos el ingreso al Movimiento de los No Alineados, su participación destacada en el Grupo de Contadora a favor de la paz en Centroamérica, su actitud y gestiones a raíz de la invasión de Granada.

Por el carácter realmente reaccionario y negativo de tal acción —tanto para Colombia como para el movimiento progresista y revolucionario de América Latina y el Caribe— cualesquiera que sean sus responsables, considero conveniente que esta posibilidad sea también denunciada y advertida.

Nosotros, por nuestra parte, a través de todos los canales, estamos haciendo y haremos lo que esté a nuestro alcance, por la integridad y vida de su hermano.

Mi exhortación como revolucionario puede llegar exclusivamente a personas inspiradas en ideas y principios justos, y no vacilamos en ese caso en asumir la responsabilidad histórica de solicitar a sus autores una rectificación, que no los deshonraría, sino por el contrario, podría incluso enaltecerlos, lo verdaderamente trágico e irreparable sería llevar ese error hasta sus últimas consecuencias.

El 6 de diciembre Jaime Betancur fue liberado por el grupo que lo tenía en su poder.

Según fuentes confiables, se supo más tarde que el secuestro se produjo como resultado de una acción inconsulta con la Dirección Nacional y fue ejecutada por una estructura urbana del Ejército de Liberación Nacional.

La Dirección Nacional del ELN rechazó la acción, ordenó la devolución del secuestrado, y quienes la llevaron a cabo fueron expulsados de la organización.

Cuarta parte

Lecciones
de la Revolución Cubana
sobre estrategia revolucionaria

De las páginas del 'Militante'

Debate acalorado sobre la posición política de Fidel

VED DOOKHUN

EL MILITANTE, 25 DE AGOSTO DE 2008

DOS ARTÍCULOS DEL DIRIGENTE cubano Fidel Castro en que critica a las Fuerzas Armadas Revolucionarias de Colombia (FARC) han provocado un amplio debate [ver las páginas 33–41]. Una de las polémicas más severas contra el dirigente cubano la escribió James Petras, académico norteamericano de izquierda, en un artículo titulado "Fidel Castro y las FARC: Ocho tesis erróneas de Fidel Castro". [Se puede encontrar en globalresearch.ca, 11 de julio de 2008.] Petras alega que los dos artículos de Castro, publicados en el diario *Granma* el 3 y el 5 de julio de 2008, han brindado "municiones a los medios imperiales para desacreditar a las FARC". Él intenta responder al dirigente cubano presentando una imagen glorificada del grupo guerrillero.

"La estrategia de Marulanda de guerra de guerrillas prolongada se apoyó en una labor de organización de base entre las masas, con estrechos vínculos entre los campesinos y la guerrilla, basada en la solidaridad comunitaria, de familias y de clase. Así se construyó lenta y metódicamente un ejército nacional político-militar del pueblo", escribe Petras. En cambio, dice, "los guerrilleros de Castro fueron reclutados de las organizaciones urbanas de masas".

"Marulanda construyó, a lo largo de 40 años, un ejército guerrillero más grande, y con una base de masas más amplia, que cualquier fuerza guerrillera inspirada por Castro entre los años 60 y el 2000", argumenta Petras.

Lucha por el poder

Sin embargo, para los revolucionarios la prueba decisiva no es el tamaño numérico de la fuerza armada que se forja, sino la capacidad de conducir una lucha hasta el derrocamiento revolucionario de la clase capitalista gobernante. El objetivo de los revolucionarios cubanos nunca fue desarrollar un ejército guerrillero permanente. Fue conducir a los trabajadores y campesinos para tomar el poder político lo más rápidamente posible y con el mínimo número de bajas.

Fidel Castro y el equipo de dirigentes en torno a él estaban muy conscientes de que los movimientos guerrilleros que se prolongan por mucho tiempo, aislados de la clase trabajadora, pueden degenerarse en bandidaje.

El Ejército Rebelde, forjado al calor de la lucha en Cuba, desarrolló cuadros probados en combate que llegaron a ser más homogéneos, políticamente educados y disciplinados a medida que avanzó la lucha.

Además, esto solo se pudo lograr reclutando a trabajadores urbanos así como campesinos al Ejército Rebelde. Los revolucionarios cubanos nunca concibieron una victoriosa lucha por el poder librada únicamente por campesinos, al margen de la clase trabajadora.

En una reciente serie de entrevistas titulada *Cien horas con Fidel* (La Habana: Oficina de Publicaciones del Consejo de Estado, 2006) el dirigente cubano explica, "Para nosotros, la guerrilla era la detonadora de un proceso cuyo objetivo era la toma revolucionaria del poder. Con un punto culminante: una huelga general revolucionaria y el levantamiento de todo el pueblo".

Petras argumenta que las tácticas de las FARC respecto a los prisioneros se justifican porque lo que hace el régimen colombiano es peor. "Las revoluciones son crueles", escribe, "pero Fidel olvida que las contrarrevoluciones son todavía más crueles".

Moral proletaria

La conducta del Movimiento 26 de Julio hacia los prisioneros se basaba en tratarlos con respeto y ponerlos en libertad lo antes posible. Así se ganó la autoridad moral, lo cual fue decisivo para el triunfo de la Revolución Cubana. "Ningún soldado las depone [las armas] si lo espera la muerte o un tratamiento cruel", escribió Castro.

En su polémica contra el dirigente cubano, Petras nunca presenta una estrategia de cómo el pueblo trabajador puede tomar el poder político y económico de manos de la clase capitalista en Colombia o en otro país. Más bien, da a entender que la guerra de guerrillas —no solo "prolongada" sino permanente— es el único camino lógico.

Fidel Castro explica que el pueblo trabajador no tiene por qué aceptar ese callejón sin salida. Las lecciones de la victoriosa Revolución Cubana señalan el camino para los que luchan, no solo en Colombia sino en todo el mundo.

"Para nosotros la guerrilla era la detonadora de un proceso cuyo objetivo era la toma revolucionaria del poder. Con un punto culminante: una huelga general revolucionaria y el levantamiento de todo el pueblo".

—Fidel Castro, 2006

LEE LOCKWOOD

GRANMA

Arriba: La Habana, 1 de enero de 1959. Al propagarse una huelga general, el pueblo trabajador se toma las calles, celebrando triunfo revolucionario.

Abajo: Santa Clara, Cuba, 1 de enero de 1959. Fuerzas del Ejército Rebelde dirigidas por Ernesto Che Guevara celebran liberación de la ciudad —una de las principales en Cuba— al caer la dictadura de Fulgencio Batista.

Arriba: Palma Soriano, Cuba oriental, 1 de enero de 1959. Tras huida de Batista, Fidel Castro convoca por Radio Rebelde al pueblo cubano a sumarse a una masiva insurrección y huelga general.

Abajo: La Habana, 2 de enero de 1959. Trabajadores se manifiestan durante paro general. La movilización popular frustró intento de oficiales de Batista de imponer una junta militar.

INSTITUTO DE HISTORIA DE CUBA

LEE LOCKWOOD

El internacionalismo proletario no solo es una política exterior, es una expresión de la revolución misma

MARY-ALICE WATERS

La siguiente es una presentación de Mary-Alice Waters en el Primer Encuentro Internacional de Publicaciones Teóricas de Partidos y Movimientos de Izquierda, celebrado en La Habana del 10 al 12 de febrero de 2023; se publicó en el Militante *del 13 de marzo de ese año. Waters es miembro del Comité Nacional del Partido Socialista de los Trabajadores desde hace muchos años y es presidenta de la editorial Pathfinder. Su presentación abordó uno de los tres principales temas del evento, "Fidel y la solidaridad internacional".*

CUANDO RENDIMOS HOMENAJE a Fidel, ante todo estamos rindiendo homenaje al pueblo trabajador de Cuba, a los hombres y mujeres de José Martí, de Antonio Maceo. Fidel era uno con ellos. Su mayor logro fue forjar al calor de la lucha a cuadros revolucionarios, cuadros comunistas, capaces de conducir a los trabajadores y campesinos de Cuba a establecer el primer territorio libre de América y defenderlo exitosamente por más de seis décadas.

Durante los primeros años de la revolución, en 1964, Fidel con orgullo explicó al mundo cómo el pueblo trabajador

"El mayor logro de Fidel fue forjar a cuadros comunistas capaces de conducir a los trabajadores y campesinos de Cuba a establecer el primer territorio libre de América".

— Mary-Alice Waters, febrero 2023

RADIO HABANA CUBA

Fidel Castro presenta la Segunda Declaración de La Habana ante acto de un millón de cubanos, 4 de febrero de 1962. La asamblea aprobó la declaración, y también fue ratificada por cientos de miles más en fábricas, campos y escuelas. El pueblo trabajador cubano, afirmaba el manifiesto, sentó un ejemplo en América y el mundo de que "la revolución es posible".

de Cuba lo había formado y convertido en la persona que llegó a ser. Yo también pertenecí a una organización, dijo en 1964, aludiendo al Movimiento 26 de Julio, que él había fundado en 1955 junto con otros revolucionarios. "Pero las glorias de esa organización son las glorias de Cuba, son las glorias del pueblo, son las glorias de todos. Y yo un día dejé de pertenecer a aquella organización".

Cuando la Caravana de la Libertad fue pasando por los pueblos y las ciudades de Cuba en los primeros días de enero de 1959, desde Santiago hasta La Habana, dijo Fidel, "vi muchos hombres y muchas mujeres. Cientos, miles de hombres y mujeres tenían sus uniformes rojo y negro del Movimiento 26 de Julio. Pero más y más miles tenían uniformes que no eran rojos ni negros, sino camisas de trabajadores y de campesinos y de hombres humildes del pueblo".

Nos dimos cuenta entonces de que "realmente habíamos hecho algo superior a nosotros mismos", dijo Fidel.

"¡Ellos son la fuerza, columna dorsal de la revolución! ¡Puño, brazo, músculo del pueblo revolucionario, de la clase obrera, de los campesinos, de los trabajadores!"

Pueblos de Cuba y del mundo

Si bien Fidel pertenece en primer lugar al pueblo trabajador de Cuba, también pertenece a los pueblos oprimidos y explotados de todo el mundo. Y bajo su dirección, desde América Latina y el Caribe hasta África, Asia, Norteamérica y Europa, el pueblo trabajador de Cuba nos ha demostrado en acción lo que significa el internacionalismo proletario.

Nos han mostrado que el internacionalismo de la clase trabajadora en el poder no es principalmente una política exterior. Debe ser una extensión de la revolución misma, inseparable de la fuerza y hasta la supervivencia de la revolución. Fidel lo explicó al pueblo cubano con claridad diáfana en julio de 1976, durante los primeros días de la misión internacionalista cubana para ayudar a los pueblos de Angola y Namibia frente a la agresión del régimen del apartheid sudafricano y sus promotores en Washington. En las memorables palabras de Fidel: "Quien no esté dispuesto a combatir por la libertad de los demás, no será jamás capaz de combatir por la propia".

Unos 15 años más tarde, en mayo de 1991, Raúl [Castro] cerró ese capítulo de la historia que, en todos los sentidos, representa el mayor acto cubano de solidaridad internacional. Cuba ya enfrentaba algunos de los días más difíciles en la historia de la revolución, el Período Especial, precipitado por la implosión del bloque soviético y la evaporación repentina del 85 por ciento de las relaciones comerciales del país. Los enemigos de Cuba alrededor del mundo se regodeaban de que también la Revolución Cubana tenía los días contados.

Al recibir a los últimos voluntarios cubanos que regresaban a su suelo, Raúl hizo el verdadero balance: "En los nuevos e inesperados desafíos, siempre podremos evocar la epopeya de Angola con gratitud", dijo, "porque sin Angola no seríamos tan fuertes como somos hoy".

Esa fuerza resultó decisiva para sobreponerse a los desafíos del Período Especial.

Fuerza moral del liderazgo

¿De dónde provino la fuerza moral de Fidel como dirigente del pueblo trabajador de Cuba? ¿Su capacidad de conducirlo a lograr las hazañas épicas de la revolución socialista cubana?

"Cuba ha demostrado que el internacionalismo de la clase trabajadora en el poder no es principalmente una política exterior. Es una expresión de la revolución misma".

— Mary-Alice Waters, febrero 2023

RICARDO LÓPEZ/GRANMA

JUVENTUD REBELDE

Arriba: Cuito Cuanavale, Angola, mayo 1988. Tanquistas angolanos y cubanos tras la victoria en esa decisiva batalla. Entre 1975 y 1991, más de 400 mil cubanos cumplieron misión voluntaria en Angola para defender su independencia frente a invasiones sudafricanas. "Quien no esté dispuesto a combatir por la libertad de los demás, no será jamás capaz de combatir por la propia", dijo Castro.

Abajo: Guatemala, 1999. El médico cubano Carlos Díaz cruza río en zona rural, uno de los cientos de voluntarios cubanos que brindaron ayuda a Centroamérica tras los estragos del ciclón Mitch.

Él nos dio una parte de la respuesta en el homenaje que le rindió a Ernesto Che Guevara en 1987 por el 20 aniversario de su muerte en combate.

"El Che creía en el hombre", dijo Fidel. "Y si no se cree en el hombre, si se piensa que el hombre es un animalito incorregible, capaz de caminar solo si le ponen hierba delante, si le ponen una zanahoria o le dan con un garrote: quien así piense, quien así crea, no será jamás revolucionario, no será jamás socialista, no será jamás comunista".

No eran palabras vacías. Fidel estaba sentando las bases éticas, la moral proletaria, nuestra moral, que guiaron su propio curso de acción y su ejemplo como dirigente, durante toda su vida. Los ejemplos y las muestras de esto son innumerables.

Jamás mataron a un prisionero

"El Ejército Rebelde y las milicias jamás mataron a un prisionero, ni torturaron a un prisionero, ni abandonaron a un solo [soldado] enemigo herido", explicó José Ramón Fernández, comandante de la principal columna de las fuerzas revolucionarias que en 1961 derrotaron la invasión apoyada por Washington en Playa Girón. "Ni en la lucha en la Sierra, ni en la lucha contra bandidos, ni en Girón.

"Eso es una ética de principios de nuestras fuerzas armadas que Fidel ha exigido que se cumpla inviolablemente desde el principio de la lucha revolucionaria".

Desde el primer combate en la Sierra, "las medicinas nuestras sirvieron para curar a todos los heridos, sin distinción", tanto los del Ejército Rebelde como los de las fuerzas armadas de Batista, dijo Fidel en la entrevista de 100 horas que concedió a Ignacio Ramonet.

"A los soldados [capturados] los dejábamos en absoluta libertad", dijo Fidel. "Llevamos una política de respeto con el adversario... Hubo soldados que se rindieron tres veces, y tres veces los soltamos".

Desde que desembarcamos del *Granma*, subrayó Fidel, nuestra norma ha sido: "ni magnicidio, ni víctimas civiles, ni régimen de terror", ni "actos donde se podía matar a gente inocente. Eso no está en ninguna doctrina revolucionaria.

"Sobre la base del terrorismo no se gana ninguna guerra, sencillamente", dijo Fidel. Porque si usas métodos terroristas, "te ganas la oposición, la enemistad y el rechazo de aquellos que tú necesitas para ganar la guerra". Por eso, al final de la guerra, "nosotros tuvimos el respaldo de más del 90 por ciento de la población".

"Para nosotros es una filosofía el principio de que a las personas inocentes no se las puede sacrificar. Para nosotros es un principio de siempre, prácticamente un dogma.

"Los comisarios políticos de Batista iban robando, quemando casas y matando gente", le dijo Fidel a Ramonet. En cambio, "los campesinos veían que nosotros los respetábamos, les pagábamos lo que consumíamos".

Sin esa política, "no se habría ganado esa guerra".

Familias de los muertos en la guerra

Teté Puebla fue la segunda al mando del pelotón femenino creado por Fidel en el Ejército Rebelde, y posteriormente fue la primera mujer que alcanzó el grado de general en las Fuerzas Armadas Revolucionarias de Cuba. En su relato, *Marianas en combate*, ella describe cómo fueron tratadas las madres, viudas e hijos de los soldados de Batista que habían muerto en combate.

"Las viudas no tenían la culpa de los asesinatos que el ejército de la dictadura había cometido", dijo Teté. "Entonces se les dio la misma atención… Al llegar a una escuela con algunos de estos muchachos, no podíamos decir de quién eran los hijos. Los únicos que sabíamos éramos los que estábamos a cargo de ellos. Así es que los protegíamos", dijo. Ahora son parte de la revolución. "Las viudas y las madres de los miembros del ejército de Batista cobran pensión".

"Nos identificamos con todos los pueblos del mundo que luchan contra la miseria y el hambre", dijo Teté. "Esos principios de la revolución son la base moral de nuestra lucha".

El valor de una vida humana

Como comandante en jefe de las Fuerzas Armadas Revolucionarias de Cuba, Fidel se preocupaba profundamente no solo por el bienestar físico de sus combatientes y la atención a los heridos. También se preocupaba por su salud mental, su humanidad.

Harry Villegas, conocido mundialmente como Pombo —nombre de guerra que le dio Che cuando combatieron juntos en el Congo en 1965— fue por más de cinco años el enlace entre el alto mando cubano en Angola y el puesto de mando especial de las FAR en La Habana, encabezado por Fidel. En su libro *Cuba y Angola: La guerra por la libertad*, Pombo relata un ejemplo revelador de cómo Fidel velaba por la conducta moral de los internacionalistas cubanos: no solo sus acciones sino cómo sus acciones eran percibidas:

"Hubo un caso en que un piloto cubano bombardeó por equivocación un caserío en un quimbo, una aldea, y murieron unos civiles", relató Pombo. "Fidel insistió en que el piloto fuera juzgado en Angola bajo las leyes de ese país. [El presidente angolano Agostinho] Neto dijo que no lo había hecho adrede, y no juzgaron al piloto"…

No obstante, agregó Pombo, "Fidel ordenó que el piloto fuera retirado de la guerra. Él decía que la guerra va influenciando la sicología del ser humano. Su interacción con la muerte puede ir quitando un poco de su valoración de la vida; uno empieza a habituarse a la muerte.

"Fidel quería evitar por todas las vías que nos fuéramos a deformar síquicamente y nos convirtiéramos en gente para la cual la vida no tuviera valor".

Ningún crimen en nombre de la revolución

Estos mismos fundamentos morales fueron la base de la indignación —y amargura— que expresó Fidel al saber del asesinato en 1983 de Maurice Bishop, dirigente central del gobierno revolucionario de la isla de Granada en el Caribe oriental. Durante un golpe contrarrevolucionario por parte de una facción estalinista encabezada por Bernard Coard, Bishop y otros dirigentes revolucionarios fueron asesinados por soldados que actuaban bajo órdenes de la camarilla de Coard. También mataron a trabajadores y jóvenes que habían salido a la calle para defender la revolución.

"Ninguna doctrina, ningún principio o posición proclamada revolucionaria y ninguna división interna justifican procedimientos atroces como la eliminación física de Bishop y el grupo destacado de honestos y dignos dirigentes muertos en el día de ayer", anunció Fidel en público al día siguiente.

"Ningún crimen puede ser cometido en nombre de la revolución y la libertad".

Fueron los mismos principios que llevaron a Fidel en 2008 a condenar públicamente la trayectoria del liderazgo de Manuel Marulanda de las Fuerzas Armadas Revolucio-

"Ningún crimen puede ser cometido en nombre de la revolución y la libertad".

— **Fidel Castro, 20 de octubre de 1983**

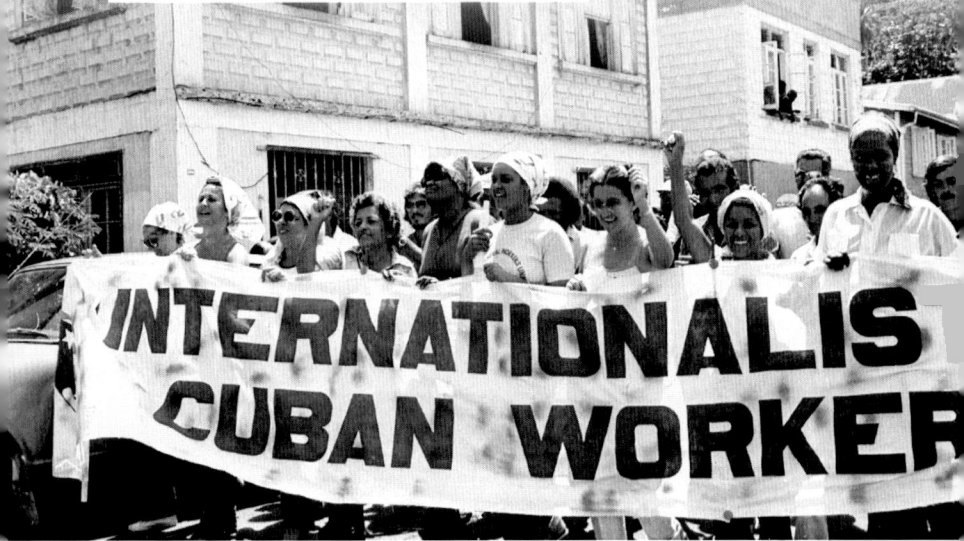

Arriba: Maurice Bishop, dirigente central de la revolución en Granada, con Fidel Castro en el acto del Primero de Mayo en La Habana, 1980.

Abajo: St. George's, Granada, Primero de Mayo de 1980. Médicos, constructores y otros voluntarios cubanos participan en el acto. Durante la revolución granadina, entre 1979 y 1983, el liderazgo cubano ofreció ayuda internacionalista de manera incondicional.

El 19 de octubre de 1983, Bishop y otros cinco dirigentes centrales de la revolución granadina fueron asesinados bajo órdenes de una facción del gobierno dirigida por Bernard Coard. El golpe destruyó la revolución y le dio a Washington la oportunidad de invadir el país seis días más tarde.

"Ninguna doctrina proclamada revolucionaria justifica procedimientos atroces como la eliminación física de Bishop y del grupo destacado de dirigentes muertos", dijo Castro públicamente al día siguiente.

narias de Colombia (FARC) por secuestrar a civiles y retenerlos como rehenes, en algunos casos durante años bajo severas condiciones en la selva. "Eran hechos objetivamente crueles", escribió Fidel en un artículo el 3 de julio de 2008. "Ningún propósito revolucionario lo podía justificar".

Y fueron también estos fundamentos morales los que llevaron a Fidel en 2010, no solo a reconocer las aspiraciones nacionales del pueblo palestino, sino a pronunciarse de manera inequívoca contra la negación del Holocausto por parte del entonces presidente de Irán, Mahmud Ahmadineyad.

"Nadie ha sido calumniado más que los judíos", dijo Fidel en una entrevista ampliamente difundida. Los judíos "han vivido una existencia mucho más dura que la nuestra. No hay nada que pueda compararse con el Holocausto".

"Sin ninguna duda", afirmó Fidel en respuesta a una pregunta, el estado de Israel tiene derecho a existir.

◆

Concluyo con un ejemplo más.

Uno de los momentos más grandes del liderazgo internacional de Fidel fue en 1979 cuando habló ante la Asamblea General de Naciones Unidas en Nueva York a nombre del Movimiento de Países No Alineados, cuya presidencia él recientemente había asumido.

"No he venido a hablar de Cuba", dijo a los delegados.

"No vengo a exponer en el seno de esta Asamblea la denuncia de las agresiones de que ha sido víctima nuestro pequeño pero digno país durante 20 años. No vengo tampoco a herir con adjetivos innecesarios al vecino poderoso en su propia casa", dijo.

"Hablo en nombre de los niños que en el mundo no tienen un pedazo de pan".

En boca de muchos otros, estas palabras habrían parecido retórica melosa y hueca. Pero dichas por Fidel, expresan la trayectoria de su vida.

CRONOLOGÍA

1930-46 – El Partido Liberal domina el gobierno colombiano hasta que el Partido Conservador gana la presidencia en 1946.

1948, 9 de abril – El asesinato de Jorge Eliécer Gaitán, popular dirigente del Partido Liberal, provoca sublevación urbana conocida como el Bogotazo. El joven Fidel Castro, que casualmente se encontraba en Bogotá para una conferencia estudiantil, se suma a protestas. Comienza una década de guerra civil entre los partidos Liberal y Conservador, mueren decenas de miles de personas. El liderazgo del Partido Liberal organiza guerrillas en regiones bajo su influencia.

1949, octubre – Ante la represión estatal, el Partido Comunista de Colombia organiza grupos de autodefensa en zonas rurales, coopera con las guerrillas del Partido Liberal.

1952, marzo – En Cuba, el hombre fuerte militar Fulgencio Batista efectúa un golpe, depone al gobierno de Carlos Prío Socarrás y cancela las elecciones. Fidel Castro empieza a organizar un movimiento revolucionario para derrocar a la dictadura apoyada por Washington.

1953, 26 de julio – Unos 160 revolucionarios dirigidos por Fidel asaltan el cuartel Moncada en Santiago de Cuba y el cuartel de Bayamo. Aunque son derrotados, el asalto da inicio a una lucha revolucionaria contra la dictadura de Batista.

octubre – La mayoría de las guerrillas colombianas bajo dirección liberal aceptan la amnistía general ofrecida por el gobierno. Los grupos dirigidos por Pedro Antonio Marín

(Manuel Marulanda) y el Partido Comunista se niegan a deponer las armas.

1954 – La guerrilla dirigida por Marulanda y el PC establece enclave rural en zona central del país, conocida como "República de Marquetalia", que dura una década.

1955, mayo – Tras una campaña nacional de amnistía, Fidel Castro y otros moncadistas son excarcelados. Castro dirige la unificación de varios grupos revolucionarios para formar el Movimiento 26 de Julio. En julio, él y otros militantes van a México a preparar la próxima etapa de la lucha revolucionaria.

diciembre – Paro nacional de 200 mil obreros azucareros en Cuba contra recortes salariales. Los obreros y sus partidarios toman brevemente varias ciudades en el centro de la isla.

1956, 2 de diciembre – A bordo del yate *Granma*, 82 miembros del Movimiento 26 de Julio, dirigidos por Castro, viajan desde México y desembarcan en la costa sureste de Cuba para iniciar guerra revolucionaria contra el régimen de Batista. Nace el Ejército Rebelde.

1958 – Los partidos Liberal y Conservador en Colombia forman gobierno en que comparten y se alternan en el poder cada cuatro años para tratar de estabilizar el régimen capitalista. Esa situación continúa hasta 1974.

enero – Rebelión popular en Caracas, Venezuela, derroca a la dictadura de Marcos Pérez Jiménez.

1959, 1 de enero – Batista huye de Cuba ante inminente toma de Santiago de Cuba por fuerzas del Ejército Rebelde comandadas por Fidel Castro y la toma de Santa Clara por unidades bajo el mando de Ernesto Che Guevara. Los trabajadores responden al llamado de Fidel Castro a una insurrección y huelga general en toda la isla.

8 de enero – Llegan a La Habana combatientes del Ejército Rebelde en la Caravana de la Libertad, encabezada por Castro. Al atravesar la isla, paran en pueblo tras pueblo para hablar con trabajadores ansiosos de conocer a los "Hombres del Moncada" y celebrar junto a ellos. Fidel Castro explica que la victoria es de los trabajadores y campesinos de Cuba, por ellos y para ellos.

1960, 6 de agosto – Ante creciente agresión económica de Washington, el gobierno revolucionario de Cuba decreta nacionalización de grandes compañías estadounidenses. Los trabajadores se organizan en centros laborales para combatir sabotaje económico de los patrones.

2 de septiembre – Acto de un millón de cubanos aprueba el manifiesto revolucionario conocido como la Primera Declaración de La Habana.

1961, 1 de enero – Comienza campaña de alfabetización en Cuba. Unos 250 mil voluntarios alfabetizan a más de 700 mil adultos. Al final del año Cuba se convierte en "Territorio Libre de Analfabetismo".

abril – Mercenarios organizados por Washington invaden Cuba en Bahía de Cochinos. En menos de 72 horas son derrotados y capturados en Playa Girón por las Fuerzas Armadas Revolucionarias, la Policía Nacional Revolucionaria y milicias populares.

1962, 3 de febrero – Administración Kennedy ordena un embargo total al comercio norteamericano con Cuba.

4 de febrero – Acto de un millón de personas en La Habana condena embargo económico norteamericano y proclama la Segunda Declaración de La Habana, que llama a apoyar luchas revolucionarias en todo el continente.

octubre – Kennedy ordena bloqueo naval a Cuba, exige el retiro de misiles nucleares soviéticos destinados a defender la isla, prepara una invasión a Cuba, llevando al mundo al borde de una guerra nuclear. Millones de cubanos se movilizan para defender su revolución socialista y frenan amenazas norteamericanas. En Estados Unidos se conoce como la "Crisis de los Misiles".

1964, mayo – Ejército colombiano lanza Operación Marquetalia contra las guerrillas dirigidas por Manuel Marulanda y cuadros del Partido Comunista. Meses después, los sobrevivientes de la guerrilla se reagrupan y forman lo que llega a ser las Fuerzas Armadas Revolucionarias de Colombia como brazo armado del Partido Comunista. Marulanda y Jacobo Arenas, dirigente del PC, son sus principales líderes.

julio – Se funda en Colombia grupo guerrillero Ejército de Liberación Nacional. Durante la siguiente década otros grupos guerrilleros inician operaciones, entre ellos el Movimiento 19 de Abril (M-19), el Ejército Popular de Liberación (EPL) y el Movimiento Armado Quintín Lame (MAQL).

1965, abril – Unidad de 130 combatientes voluntarios cubanos, bajo el mando de Ernesto Che Guevara, va al Congo para ayudar a fuerzas que combaten el régimen proimperialista en ese país.

28 de abril – Unas 24 mil tropas estadounidenses invaden la República Dominicana en respuesta a un levantamiento popular contra una junta militar. A los invasores les tarda cinco meses aplastar la resistencia a la ocupación norteamericana.

1975, mayo – El poeta y revolucionario Roque Dalton, miembro del Ejército Revolucionario del Pueblo (ERP), uno de los principales grupos guerrilleros en El Salvador, es ejecutado por orden de Joaquín Villalobos y otros dirigentes del ERP debido a diferencias políticas internas.

noviembre – El gobierno cubano envía miles de combatientes voluntarios a África en respuesta a solicitud de Angola para poder derrotar invasión del régimen supremacista blanco sudafricano. La misión internacionalista, que dura 16 años, concluye con la derrota de fuerzas sudafricanas en la batalla de Cuito Cuanavale y con la independencia de la colonia sudafricana de Namibia.

1977, septiembre – El presidente norteamericano James Carter y el dirigente panameño Omar Torrijos firman el Tratado del Canal de Panamá, que entrega el control del canal a Panamá el 31 de diciembre de 1999.

1979, 13 de marzo – Bajo el liderazgo de Maurice Bishop, el Movimiento de la Nueva Joya en Granada derroca a dictadura apoyada por Washington de Eric Gairy, y da inicio a una revolución en esa nación caribeña. Voluntarios internacionalistas cubanos trabajan en Granada como constructores, personal médico y maestros.

19 de julio – El Frente Sandinista de Liberación Nacional (FSLN) dirige al pueblo trabajador para derrocar dictadura de Anastasio Somoza y dar inicio a revolución popular en Nicaragua. Washington organiza un ejército contrarrevolucionario, libra una guerra asesina que resulta prácticamente derrotada para 1987. Pero la dirección del FSLN se repliega de un camino revolucionario, y en 1990 pierde una contienda electoral con contrincantes capitalistas.

1980, octubre – Inspirados por la revolución nicaragüense y crecientes luchas populares en su país, grupos revolucionarios en El Salvador se unen para formar el Frente Farabundo Martí para la Liberación Nacional (FMLN), que libra guerra contra regímenes respaldados por Washington. El conflicto se estanca y termina con un acuerdo negociado en 1992. El FMLN depone las armas y es reconocido como partido político.

1983, abril – Mélida Anaya Montes (comandante Ana María), segunda al mando de las Fuerzas Populares de Liberación (FPL), uno de los grupos integrantes del FMLN, es asesinada por orden de Salvador Cayetano Carpio, dirigente del grupo. Carpio se suicida días después.

octubre – En Granada una facción estalinista encabezada por Bernard Coard derroca al gobierno revolucionario, asesina a Maurice Bishop y otros dirigentes y ciudadanos. La contrarrevolución abre la puerta a una invasión norteamericana una semana después.

noviembre – Una célula del Ejército de Liberación Nacional (ELN) secuestra a Jaime Betancur, hermano del presidente colombiano Belisario Betancur. El presidente cubano Fidel Castro envía dos cartas públicas en las que condena el secuestro y pide su liberación inmediata. El ELN lo pone en libertad el 6 de diciembre.

1984, marzo – El gobierno de Betancur en Colombia inicia conversaciones de paz con las FARC, el M-19 y el EPL. Estas se suspenden y se reanudan muchas veces durante los años siguientes.

1985, mayo – El Partido Comunista y las FARC forman la Unión Patriótica para participar en las elecciones. El año siguiente, la UP obtiene varios escaños en el Congreso y puestos estatales y locales.

noviembre – Comandos del M-19 toman el Palacio de Justicia en Bogotá y mantienen como rehenes a jueces de la Corte Suprema. Tropas del ejército asaltan el edificio; mueren unas 100 personas, entre soldados, guerrilleros y 31 rehenes.

1987 – Se suspenden las negociaciones de paz cuando paramilitares derechistas respaldados por capitalistas, latifundistas y sus cárteles de drogas asesinan a unos 6 mil miembros de la Unión Patriótica, sindicalistas y dirigentes campesinos.

1989, diciembre – Washington bajo la administración de George H.W. Bush ordena invasión de Panamá. Fuerzas norteamericanas derrocan al gobierno encabezado por el general Manuel Noriega y lo extraditan a Estados Unidos. Acusado de narcotráfico, extorsión y lavado de dinero, en 1992 Noriega es declarado culpable y sentenciado a 40 años de prisión.

1989–1991 – Regímenes burocráticos en Europa del Este y la Unión Soviética se derrumban frente a masivos levantamientos populares.

1990, marzo – El gobierno colombiano y el M-19 firman acuerdo de paz. El año siguiente, el gobierno llega a un acuerdo con el Movimiento Armado Quintín Lame.

1993, mayo – Las FARC se separan oficialmente del Partido Comunista, proceso que había comenzado a fines de los 80.

1996, agosto – Las FARC toman como rehenes a 60 soldados en una base militar. El grupo continúa sus secuestros en masa durante varios años.

1998, agosto – El presidente Andrés Pastrana del Partido Conservador anuncia nuevas conversaciones de paz con las FARC y pide que el gobierno cubano las facilite.

1999, marzo – Las FARC reconocen haber matado a tres activistas indígenas norteamericanos secuestrados el mes anterior. Habían estado trabajando con comunidades indígenas en Colombia. El liderazgo de las FARC deja el acto impune. "Se imponía juzgar al culpable y aplicar un castigo ejemplar", escribió Fidel Castro en el capítulo 8 de *La paz en Colombia*.

2000, agosto – Los gobiernos de Estados Unidos y Colombia inician conjuntamente el Plan Colombia, un programa antinarcóticos y antiguerrillero.

2001, 11 de septiembre – Al Qaeda lanza ataque contra Torres Gemelas de Nueva York y el Pentágono. En cuestión de semanas, el gobierno norteamericano inicia campaña masiva de bombardeos e invasión terrestre en Afganistán.

2002, 23 de febrero – Las FARC secuestran a Ingrid Betancourt mientras hace campaña para la presidencia de Colombia, junto con su jefa de campaña, Clara Rojas.

2008, 1 de marzo – Raúl Reyes, segundo al mando de las FARC, muere en una incursión del ejército colombiano en territorio ecuatoriano.

26 de marzo – Muere Marulanda. Alfonso Cano asume el liderazgo de las FARC.

julio – Tropas colombianas rescatan a Ingrid Betancourt, tres contratistas estadounidenses y 11 soldados y policías colombianos secuestrados por las FARC.

2011, 4 de noviembre – El ejercito colombiano mata a Alfonso Cano, un comandante de las FARC.

2012, noviembre – El gobierno del presidente colombiano Juan Manuel Santos y las FARC inician conversaciones de paz, facilitadas por los gobiernos de Cuba y Noruega.

2016, 23 de junio – Las FARC y el gobierno de Santos firman acuerdo para poner fin a décadas de conflicto armado.

24 de agosto – Se logra acuerdo de paz definitivo con las FARC.

2019, enero – El presidente Iván Duque suspende conversaciones con ELN cuando el grupo ataca una academia de policía con un coche-bomba.

2021, enero – Como parte de su intensificada guerra económica contra la Revolución Cubana, el gobierno norteamericano pone a Cuba en su lista de "Estados Patrocinadores del Terrorismo". Su pretexto es que La Habana rechazó una solicitud del gobierno colombiano de extraditar a dirigentes del ELN, lo cual habría violado el papel de Cuba como garante de las conversaciones de paz en Colombia. Cuba fue colocada en la lista inicialmente en 1982; en 2015 la administración Obama la quitó, como parte de la restauración de lazos diplomáticos entre Estados Unidos y Cuba. La administración Trump volvió a poner a Cuba en la lista, y la de Biden la mantuvo.

2022, agosto – El nuevo gobierno colombiano del presidente Gustavo Petro retira la solicitud de extradición que había hecho Duque y reanuda conversaciones con el ELN.

GLOSARIO

Alape, Arturo (1938–2006) – Miembro del Partido Comunista de Colombia y de las FARC. Autor de biografías de Manuel Marulanda y otros libros sobre el conflicto guerrillero en Colombia.

Arbesú, José (1940–2020) – Por muchos años fue jefe de relaciones internacionales del Departamento América del Comité Central del Partido Comunista de Cuba; representó a la dirección cubana en muchas reuniones con dirigentes de las FARC.

Arenas, Jacobo (1924–1990) – Dirigente del Partido Comunista de Colombia en su trabajo con campesinos; también fue dirigente de las FARC tras su fundación en 1964.

Betancur, Belisario (1923–2018) – Presidente de Colombia (1982–1986). Ver la cronología: 1984.

Cárdenas, Lázaro (1895–1970) – Presidente de México (1934–1940), nacionalizó la industria petrolera en 1938, respaldado por movilizaciones masivas de trabajadores.

Crisis "de los misiles" de octubre de 1962 – Ver la cronología: octubre de 1962.

Dalton, Roque (1935–1975) – Ver la cronología: mayo de 1975.

Directorio Revolucionario – Fundado en 1955 por José Antonio Echeverría y otros dirigentes de la Federación Estudiantil Universitaria para luchar contra la dictadura de Batista. En 1961 se fusionó con el Movimiento 26 de Julio y el Partido Socialista Popular para fundar lo que en 1965 llegó a ser el Partido Comunista de Cuba.

Fernández, José Ramón (1923–2019) – Oficial del ejército cubano, se opuso a la dictadura de Batista y fue encarcelado por ayudar a organizar una conspiración de oficiales en su contra. En abril de 1961, comandó la columna principal de las Fuerzas Armadas Revolucionarias de Cuba que derrotaron la invasión organizada por Washington en Playa Girón.

Frente Farabundo Martí para la Liberación Nacional (FMLN) – Ver la cronología: octubre de 1980.

Gaitán, Jorge Eliécer (1902–1948) – Ver la cronología: 9 de abril de 1948.

Granma – Ver la cronología: 2 de diciembre de 1956.

Grupo de Contadora – Iniciativa de los cancilleres de Colombia, México, Panamá y Venezuela, acordada en una reunión en la isla panameña de Contadora en 1983, para tratar de resolver conflictos militares en Centroamérica. Recibió apoyo de algunos gobiernos de América Latina y el Caribe, incluida Cuba.

Guevara, Ernesto Che (1928–1967) – Nacido en Argentina, fue un dirigente central de la Revolución Cubana. Se sumó a la expedición del *Granma* en 1956; fue el primer combatiente en ser ascendido a comandante del Ejército Rebelde durante la guerra revolucionaria. Dirigió una misión de combatientes voluntarios cubanos en el Congo en 1965. En 1966 dirigió unidad guerrillera que combatió contra la dictadura militar en Bolivia. Fue capturado y asesinado en octubre de 1967 por el ejército boliviano en operativo dirigido por la CIA.

Internacional Comunista (Comintern) – Fundada en Moscú en 1919 bajo el liderazgo de V.I. Lenin. Reunió a partidos revolucionarios de todo el mundo que buscaban emular el ejemplo del liderazgo bolchevique de la Revolución de Octubre. Ya para fines de los años 20, una casta privilegiada, de la que José Stalin era el principal portavoz, había usurpado el control del partido y del gobierno, revirtiendo la trayectoria proletaria de Lenin a nivel nacional e internacional.

Martí, José (1853–1895) – Héroe nacional de Cuba. Destacado poeta y escritor. Fundó el Partido Revolucionario Cubano en 1892. En 1895 dirigió guerra de independencia contra régimen colonial español. Murió en combate.

Martínez Villena, Rubén (1899–1934) – Dirigente del primer Partido Comunista de Cuba en los años 30, se opuso activamente a la dictadura de Gerardo Machado.

Moncada, asalto al cuartel – Ver la cronología: 26 de julio de 1953.

Movimiento de Países No Alineados – Fundado en 1961 en Belgrado, Yugoslavia, en 1979 ya integraba 95 gobiernos y movimientos de liberación. Cuba fue su primer miembro latinoamericano. En 1979, como presidente de los No Alineados, Fidel Castro impulsó lucha contra la explotación imperialista de países coloniales y semicoloniales; por la anulación de la masiva deuda externa; y por el derecho de cada país a determinar su propio sistema económico y político.

Movimiento Revolucionario 26 de Julio – Fundado en junio de 1955 por Fidel Castro y otros combatientes del asalto al cuartel Moncada. Se fusionó en 1961 con el Directorio Revolucionario y el Partido Socialista Popular, llegando a formarse el Partido Comunista de Cuba en 1965.

Partido Socialista Popular – Nombre que en 1944 adoptó el Partido Comunista de Cuba, organización pro-Moscú.

Pastor, Robert – Asesor de seguridad nacional para América Latina del presidente James Carter (1977–1981).

Pastrana, Andrés (n. 1954) – Presidente de Colombia (1998–2002). Ver la cronología: agosto de 1998.

Período Especial – El nombre con que se llama en Cuba la grave crisis económica de los años 90 tras el colapso de relaciones de comercio favorable y ayuda entabladas con la Unión Soviética y los regímenes de Europa Oriental. Agravada por la crisis capitalista mundial y la guerra económica de Washington contra la Revolución Cubana.

Playa Girón/Bahía de Cochinos – Ver la cronología: abril de 1961.

Reyes, Raúl (1948–2008) – De adolescente ingresó a la organización juvenil del Partido Comunista de Colombia; ingresó a las FARC a fines de los 70. Fue segundo al mando de las FARC, murió en un operativo del ejército colombiano.

Saab, Tarek William (n. 1962) – Político venezolano, dirigente del Movimiento Quinta República fundado por Hugo Chávez; ha ocupado diversos cargos en los gobiernos de Chávez y Nicolás Maduro.

ÍNDICE

LA REVOLUCIÓN CUBANA EN EL MUNDO

La Primera y Segunda Declaración de La Habana

No hay presentación más clara de los problemas de estrategia revolucionaria que estos dos documentos de 1960 y 1962, aprobados en sendas asambleas de más de un millón de cubanos. Estas intransigentes condenas del saqueo imperialista y de "la explotación del hombre por el hombre" siguen vigentes como manifiestos de lucha revolucionaria del pueblo trabajador en todo el mundo. US$10. También en inglés, francés, persa, árabe y griego.

Cuba y Angola: La guerra por la libertad

HARRY VILLEGAS ("POMBO")

La historia del aporte inédito de Cuba a la lucha por liberar África del azote del apartheid. Y de cómo se fortaleció así la revolución socialista cubana. US$10. También en inglés, persa y griego.

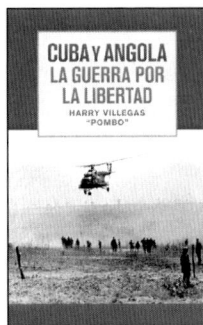

Marianas en combate

Teté Puebla y el Pelotón Femenino Mariana Grajales en la guerra revolucionaria cubana, 1956–58

TETÉ PUEBLA

La general de brigada Teté Puebla, la mujer de más alto rango en las Fuerzas Armadas Revolucionarias de Cuba, se integró a los 15 años a la lucha para derrocar a la dictadura de Batista. Esta es su historia: desde la lucha clandestina hasta el pelotón femenino del Ejército Rebelde. US$10. También en inglés y persa.

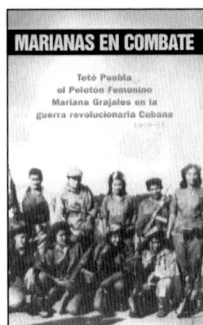

EL CAMINO A LA EMANCIPACIÓN DE LA MUJER

¡Nueva edición!

Los cosméticos, la moda y la explotación de la mujer

MARY-ALICE WATERS
JOSEPH HANSEN, EVELYN REED

"Las normas de belleza y moda son inseparables de la lucha de clases". Así se titula el primer capítulo de esta nueva y oportuna edición sobre un animado debate en los años 50 en el *Militant*, un semanario socialista. Sobre cómo los monopolios de cosméticos y moda sacan ganancias aprovechando las inseguridades sociales de las mujeres y los adolescentes. Por qué la integración de las mujeres a la fuerza laboral y a los sindicatos es un gran avance en la lucha por su emancipación. Un clásico del marxismo sobre el origen de la opresión de la mujer y el camino a seguir para la clase trabajadora.

US$15. También en inglés, francés, persa y griego.

Las mujeres en Cuba: Haciendo una revolución dentro de la revolución

VILMA ESPÍN, ASELA DE LOS SANTOS
YOLANDA FERRER

La integración de las mujeres a las filas y a la dirección de la Revolución Cubana fue parte inseparable del curso proletario dirigido por Fidel Castro desde el principio. Esta es la historia de esta revolución y cómo transformó a las mujeres y hombres que la hicieron.

US$17. También en inglés, persa y griego.

LA CRISIS CAPITALISTA Y LA LUCHA POR EL PODER OBRERO

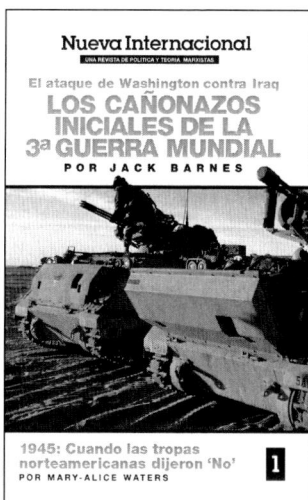

Nueva Internacional
UNA REVISTA DE POLITICA Y TEORIA MARXISTAS

El ataque de Washington contra Iraq
LOS CAÑONAZOS INICIALES DE LA 3ª GUERRA MUNDIAL
POR JACK BARNES

1945: Cuando las tropas norteamericanas dijeron 'No'
POR MARY-ALICE WATERS

1

Los cañonazos iniciales de la Tercera Guerra Mundial: El ataque de Washington contra Iraq

JACK BARNES

La mortífera agresión contra Iraq en 1990–91 anunció crecientes conflictos entre las potencias imperialistas, una mayor inestabilidad del capitalismo y más guerras. También incluye:
1945: Cuando las tropas norteamericanas dijeron '¡No!'
por Mary-Alice Waters
Lecciones de la guerra Irán-Iraq
por Samad Sharif
En *Nueva Internacional* no. 1. US$14.
También en inglés, francés y persa.

¿Son ricos porque son inteligentes?
Clase, privilegio y aprendizaje en el capitalismo
JACK BARNES

En las batallas que nos impondrán los capitalistas, los trabajadores empezaremos a transformar nuestras actitudes hacia la vida y el trabajo y entre nosotros. Descubriremos nuestro valor, negado por los gobernantes y las clases medias altas que insisten en que ellos son ricos porque son inteligentes. Al luchar aprenderemos lo que la clase trabajadora es capaz de ser. US$10. También en inglés, francés, persa, árabe y griego.

¿Son ricos porque son inteligentes?
CLASE, PRIVILEGIO Y APRENDIZAJE EN EL CAPITALISMO
JACK BARNES

Rebelión Teamster
FARRELL DOBBS

Sobre las huelgas de 1934 que sindicalizaron a los camioneros y trabajadores de depósitos en Minneapolis y allanaron el camino para el movimiento social obrero que forjó los sindicatos industriales en Estados Unidos. El primero de cuatro tomos narrados por un dirigente central de estas batallas. US$16. También en inglés, francés, persa y griego.

FORJANDO UN PARTIDO PROLETARIO

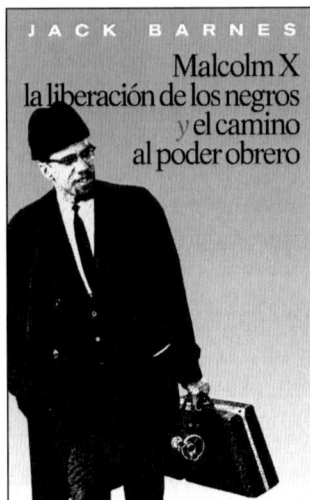

Malcolm X, la liberación de los negros y el camino al poder obrero

JACK BARNES

"El poder estatal conquistado por una vanguardia consciente de la clase trabajadora es el arma más poderosa posible en la lucha contra la opresión de los negros, la subyugación de la mujer, el odio a los judíos y toda forma de degradación humana heredada de la sociedad de clases". US$20. También en inglés, francés, persa, árabe y griego.

La lucha contra el odio antijudío y los pogromos en la época imperialista

Lo que está en juego para la clase trabajadora internacional

V.I. LENIN, LEÓN TROTSKY, FARRELL DOBBS JAMES P. CANNON JACK BARNES, DAVE PRINCE

El odio antijudío y los pogromos —como el que realizó Hamás el 7 de octubre de 2023— ya son parte de las permanentes convulsiones y guerras de la época imperialista. Los autores explican la necesidad de que la clase trabajadora y las naciones oprimidas del mundo combatan el odio antijudío. *Y qué hacer para ponerle fin.* US$10. También en inglés, francés y griego.

El viraje a la industria

Forjando un partido proletario

JACK BARNES

Un libro sobre el programa, la composición y la conducta proletaria del único tipo de partido digno de llamarse revolucionario en la época imperialista. Sobre la construcción de dicho partido en Estados Unidos y otros países capitalistas. US$15. También en inglés, francés, persa y griego.

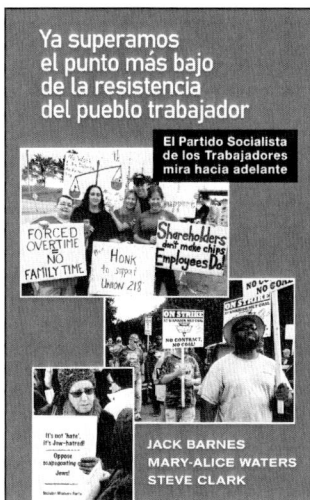

Ya superamos el punto más bajo de la resistencia del pueblo trabajador

El Partido Socialista de los Trabajadores mira hacia adelante

JACK BARNES, MARY-ALICE WATERS STEVE CLARK

El orden global impuesto por Washington tras su victoria en la II Guerra Mundial se está desmoronando. Se acabó el largo repliegue de la clase obrera y los sindicatos. Los patrones y su gobierno aumentan sus ataques a nuestros salarios, condiciones y derechos constitucionales. Las oportunidades para forjar un partido obrero capaz de dirigir una lucha que ponga fin al dominio capitalista están creciendo. US$10. También en inglés, francés y griego.

En defensa del marxismo

LEÓN TROTSKY

Una repuesta a aquellos en el movimiento obrero revolucionario a fines de los años 30 que claudicaron ante el patriotismo burgués cuando Washington se aprestaba a ingresar a la Segunda Guerra Mundial. Trotsky explica que solo un partido que luche por integrar a trabajadores a sus filas y dirección puede mantener un rumbo comunista. US$17. También en inglés, francés y persa.

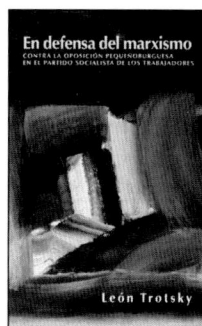

La última lucha de Lenin

Discursos y escritos, 1922–23

En 1922 y 1923, V.I. Lenin, dirigente central de la primera revolución socialista, libró su última batalla política, la cual se perdió tras su muerte. Era una lucha para decidir si esa revolución y el movimiento comunista internacional mantendrían el curso proletario que había llevado al poder a los trabajadores y campesinos en Rusia en 1917. US$17. También en inglés, persa y griego.

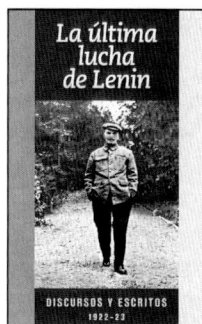

AMPLÍE SU BIBLIOTECA REVOLUCIONARIA

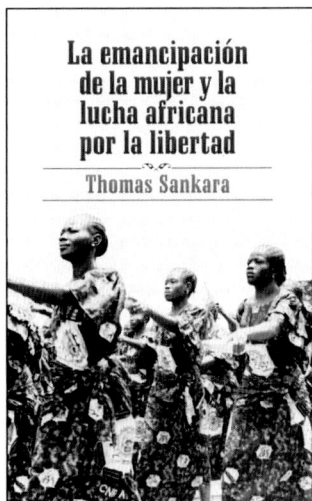

La emancipación de la mujer y la lucha africana por la libertad

THOMAS SANKARA

"No existe una verdadera revolución social sin la liberación de la mujer", explica Sankara, dirigente central de la revolución de 1983–87 en Burkina Faso, en África Occidental. US$5. También en inglés, francés y persa.

El socialismo en el banquillo de los acusados

Testimonio en el juicio por sedición en Minneapolis

JAMES P. CANNON

El programa revolucionario de la clase trabajadora, presentado en una corte federal en respuesta a cargos fabricados de "conspiración sediciosa", en vísperas del ingreso de Washington a la Segunda Guerra Mundial. Los acusados eran dirigentes del movimiento obrero en Minneapolis y del Partido Socialista de los Trabajadores. US$15. También en inglés, francés y persa.

La revolución granadina, 1979–83

DISCURSOS DE MAURICE BISHOP Y FIDEL CASTRO

El triunfo en 1979 de la revolución en la isla caribeña de Granada bajo la dirección de Maurice Bishop infundió esperanzas a millones en las Américas. Valiosas lecciones del gobierno de trabajadores y agricultores destruido en 1983 por una contrarrevolución estalinista. US$10

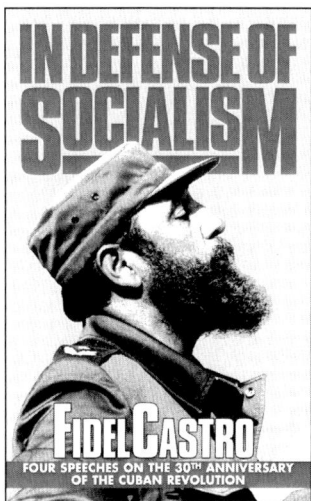

In Defense of Socialism

Four Speeches on
the 30th Anniversary
of the Cuban Revolution, 1988–89

*(En defensa del socialismo:
Cuatro discursos sobre el 30 aniversario
de la Revolución Cubana)*

FIDEL CASTRO

No solo es posible el progreso social al liberarnos de las relaciones explotadoras del capitalismo, dijo el dirigente cubano, sino que la revolución socialista es el único camino para el avance de la humanidad. Cuatro discursos en 1989 cuando se caía el muro de Berlín. En inglés y griego. US$12

El Manifiesto Comunista

CARLOS MARX Y FEDERICO ENGELS

El comunismo, según explican los dirigentes fundadores del movimiento obrero revolucionario, no es un conjunto de ideas o "principios" preconcebidos, sino el camino de la clase obrera hacia el poder. Surge de un "movimiento que se desarrolla ante nuestros ojos". US$5. También en inglés, francés, persa y árabe.

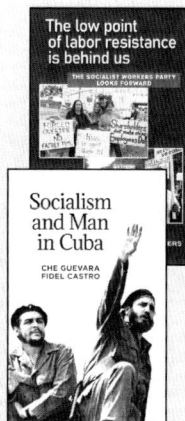

PATHFINDER POR EL MUNDO

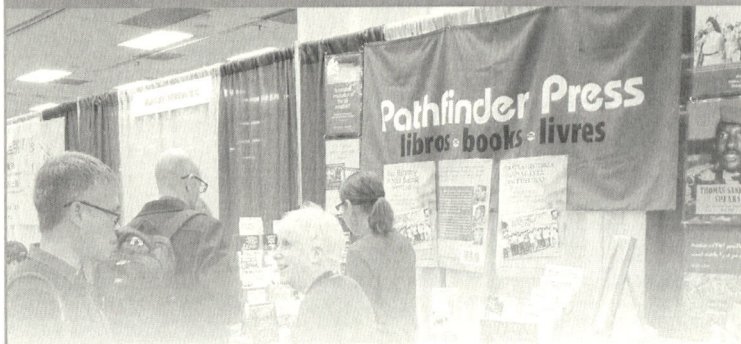

ESTADOS UNIDOS
(y América Latina, el Caribe y el este de Asia)

Pathfinder Books, 306 W. 37th St., 13th Floor
New York, NY 10018

CANADÁ

Pathfinder Books, 7107 St. Denis, Suite 204
Montreal, QC H2S 2S5

REINO UNIDO
(y Europa, África, el Medio Oriente y el sur de Asia)

Pathfinder Books, 5 Norman Rd.
Seven Sisters, London N15 4ND

AUSTRALIA
(y Nueva Zelanda, el sureste de Asia y Oceanía)

Pathfinder Books, Suite 2, First floor, 275 George St.
Liverpool, Sydney, NSW 2170
Dirección Postal: P.O. Box 73, Campsie, NSW 2194